卡夫卡：立在雨中等日出

大师开讲

薛玉楠　编著

U1005418

全国百佳图书出版单位
时代出版传媒股份有限公司
黄山书社

图书在版编目（CIP）数据

大师开讲·卡夫卡：立在雨中等日出 / 薛玉楠编著．-- 合肥：黄山书社，2014.5
ISBN 978-7-5461-4448-1

Ⅰ．①大… Ⅱ．①薛… Ⅲ．①卡夫卡，F.（1883～1924）-语录 Ⅳ．①K811

中国版本图书馆CIP数据核字（2014）第076956号

DASHI KAIJIANG·KAFUKA LI ZAI YU ZHONG DENG RICHU
大师开讲·卡夫卡：立在雨中等日出　　薛玉楠　编著

出 品 人　任耕耘
选题策划　任耕耘　杨　雯
责任编辑　高　杨
特约编辑　李晓阳　赵迪秋
装帧设计　齐　娜
出版发行　时代出版传媒股份有限公司（http：//www.press-mart.com）
　　　　　黄山书社（http：//www.hspress.cn）
地址邮编　安徽省合肥市蜀山区翡翠路1118号出版传媒广场7层 230071
印　　刷　安徽国文彩印有限公司
版　　次　2015年6月第1版
印　　次　2015年6月第1次印刷
开　　本　880mm×1230mm　1/32
字　　数　130千
印　　张　8.25
书　　号　ISBN 978-7-5461-4448-1
定　　价　28.00元

服务热线　0551-63533706
销售热线　0551-63533761
官方直营书店（http://hsssbook.taobao.com）

版权所有　侵权必究
凡本社图书出现印装质量问题，
请与印制科联系。
联系电话　0551-63533725

目录

一根脆弱亦坚强的苇草（代序）/ 1

第一章　爱情与婚姻 / 1

第二章　家庭与教育 / 43

第三章　生活与处世 / 83

第四章　哲理与情感 / 169

第五章　自然与艺术 / 237

一根脆弱亦坚强的苇草（代序）

弗兰茨·卡夫卡（Franz Kafka，1883—1924），生于奥匈帝国统治下的布拉格的一个犹太商人家庭。他的一生是短暂的，但这短暂的一生充满了坎坷和不幸。

卡夫卡生活的时代正是奥匈帝国衰败的末期，民族矛盾、政治矛盾异常尖锐，各种政治派别和运动风起云涌，人民的生活水平和生活环境也日趋恶劣。卡夫卡自幼接受德语教育，受到犹太教文化的熏陶，在当时民族矛盾日趋尖锐的社会大背景下，年轻的卡夫卡和占布拉格绝大多数人口比例的斯拉夫人之间几乎没有共同语言，可以沟通、谈心的朋友就更少了。在社会大环境中难以寻得的温暖，卡夫卡在家里也没有体会到。他的父亲是一位白手起家、艰苦创业的犹太商人，性格刚强，是家中的绝对权威，对儿子的态度也十分粗暴专横，而母亲则生性柔弱，沉默少言。卡夫卡从小就感到来自父亲的压力，一生都生活在父亲的阴影之下。

正是这样的社会和家庭环境造就了卡夫卡沉默寡言、不善社交的性格，这样的社会和家庭环境使他（卡夫卡）常常囿于自我一隅的深处。也正因如此，卡夫卡比同时代的其他人更能深刻体会时代的脉搏，探寻人类内心深处的向往。他的艺术作品成为一代人的心灵呐喊，因此被公认为西方现代主义文学的奠基者、表现主义文学大师。

1670 年，法国哲学家帕斯卡尔在《思想录》中写道："人只不过是一根苇草，是自然界最脆弱的东西；但他是一根能思想的苇草。"这段话同样适用于形容卡夫卡的一生：外表孤寂、脆弱；内心温暖、坚强。

卡夫卡的确是孤独的。

对于孤独，卡夫卡有着自己的体认。在《谈话录》中，卡夫卡说："我像卡夫卡一样孤独。"孤独，是卡夫卡面对世界的一种后撤方式，是一种从外界抽身而返归内心的方式。卡夫卡说："事情就是这样！每种抵御都是后退，都是躲藏，因此，把握世界总是意味着把握自己"，把握自己意味着把握内心，"凡是真正的、耐久的、有价值的东西，都是来自内心的礼物”（古斯塔夫·雅诺施《谈话录》）。于是，他弃绝世界，在内心深处为自己营造了一座精神的城堡。面对世界，卡夫卡是脆弱的；但面对内心，卡夫卡又是坚强的。他在1918年2月5日的日记中写道：“在巴尔扎克的手杖柄上写着：我在粉碎一切障碍。而在我的手杖柄上却写着：一切障碍都在粉碎我。我们之间共同的是‘一切’。”外部世界是如此强大，我们只能以沉默和忍耐的方式来约束自我，只有如此，人才能创造奇迹。

卡夫卡的艺术世界和他的性格是一致的。卡夫卡认为，艺术乃祈祷的方式。祈祷是宗教信仰的外在表现形式之一。

对于卡夫卡来说，艺术就是他的信仰。在他的艺术世界中，总有一股无形的力量在控制着人本身。人成为了世界的牺牲品。卡夫卡说：“事实上，作家总要比社会上的普通人小得多、弱得多。因此，他对人世间生活的艰辛比其他人感受得都要更深切，更强烈。对他本人来说，他的歌唱只是一种呼喊。艺术对艺术家来说是一种痛苦，通过这个痛苦，他使自己得到解放，去忍受新的痛苦。他不是巨人，而只是生活在这个牢笼里一只或多或少色彩斑斓的鸟。”（古斯塔夫·雅诺施《谈话录》）卡夫卡仿佛是一个孩子，用艺术的方式，小心翼翼地向这个世界发出自己脆弱的呐喊。于是，我们看到一个又一个在尘世茕茕孑立行走的“孩子”：《失踪者》中的卡尔·罗斯曼、《诉讼》中的约瑟夫·K、《城堡》中的K。他们面对强大的世界，无能为力，只能失声痛哭于永夜。

卡夫卡说：“为了原谅自己的软弱，我把周围世界写得比实际的强大。”（古斯塔夫·雅诺施《谈话录》）在人与世界之间，我们被各种障碍所阻隔，“这里当然像所有的地方一样，有种种障碍，但生活就是由越过这些障碍组成的”（《致父亲》）。这是一种积极的生活态度。但生活并不总是充满阳光，“在你与世界的斗争中，你要协助世界”（《对罪愆、苦难、希望和真正的道路的观察》），对于这个世界，我们如果不能改变它，那么就设法适应它。总之，“把握世界，总是意味着把握自己”（古斯塔夫·雅诺施《谈话录》）。

关于本书，有一点需要加以说明。本书内容的择取，除《谈话录》外，均来自卡夫卡本人的文字。《谈话录》一书的作者古斯塔夫·雅诺施是卡夫卡同事的儿子，该书记录了他与卡夫卡交往的过程，为我们深入了解卡夫卡提供了另类的视角。

无论如何，诚如我们期待着被世界接纳一样，卡夫卡也期待着被我们接纳。让我们通过“爱情与婚姻”“家庭与教育”“生活与处世”“哲理与情感”“自然与艺术”五个篇章中的箴言妙语来聆听卡夫卡——一棵脆弱亦坚强的苇草的智慧感言，感受他，并学会接受他，从中把握世界，或者把握自己的生活道路。

愿我们与卡夫卡一路同行！

第一章

爱情与婚姻

卡夫卡一生未婚，但卡夫卡的爱情经历却是非常坎坷的。在他的生命中，有四位女性停驻在他的爱情园地中，她们分别是菲利斯、朱丽叶、密伦娜和迪爱特。第一段感情维持了五年之久，他给卡夫卡带来了严重的精神和身体打击，使卡夫卡第一次咯血，并由此染上了肺结核；朱丽叶是一个出身贫寒的姑娘，卡夫卡的父亲由于家庭出身的原因而反对他们的结合；卡夫卡与密伦娜的爱情从 1920 年的夏末到秋初，这是一段婚外恋，最后也无疾而终；在卡夫卡最后一段生命中出现的女子是多拉·迪爱特，她在疗养院中陪伴卡夫卡走向人生的终点。诚如卡夫卡所说："并非所有如花似锦的梦想都会成熟"（《兄弟谋生》），也并非所有爱情的幻梦都会成真，但卡夫卡对爱情和婚姻的执着、认真与渴望，却能够深深地震撼我们。

婚姻是人生的杰作

结婚，建立一个家庭，接受所有将要来到的孩子，并在这个不安全的世界上维护他们的生命，甚至还对他们略加引导，这些依我看是一个人所能达到的最高境界。至于那么多人成功地完成了此事，并不足以引为反证。因为第一，事实上并没有许多人成功；其次，这些不太多的人并不是“做”出来的，而只不过是“发生”在他们身上，这虽然还不是那种最高境界，但终究是非常伟大的，非常可敬的（尤其因为“做”和“发生”是很难黑白分明地加以区分的）。而且归根结蒂需要达到的也不是那种最高境界，而只需达到一种离之尚远的，但却是正当的接近状态；没有必要飞到太阳上去，但应该爬到地球上一块纯净的地点，只需那里不时有太阳照耀，使人得到一些温暖即可。（《致父亲》）

“安宁与家室”也许是不能简单地在疲惫状态下作为一种礼物接受下来的，而是必须去赢得的。必须是某种可以称为“我的杰作”的东西。（《致 M.E.》）

卡夫卡一生未婚，在卡夫卡的心目中，婚姻是人生的最高形式。婚姻不是轰轰烈烈的壮举，而是一种自然的发生；婚姻不是山盟海誓、甜言蜜语，而是一种普通的生活状态。平凡的婚姻是恒久的，因为，婚姻不是“做”而是“发生”的。但是，这种“发生”不是一种简单的接受，而是一种积极的进取。

婚姻是多姿多彩的

> 我并不羡慕个别的夫妻，我只是羡慕所有的夫妻——即使我只羡慕一对夫妻，我其实是羡慕整个婚姻在无穷无尽、多姿多彩中的幸福，在一种独特婚姻的幸福中，我本人即使在良好的情况下还可能会绝望。（《日记》）

婚姻是丰富多彩的。清晨时温婉的呼喊、夕阳下的漫步、晚梦前的吻别、孩童绕膝的呢喃，这多么令人憧憬啊！有些人轻易得到的幸福，对于别人，却是不可企及的。

单身汉的不幸

看来，单身汉的日子真不好过，年老的时候，如果他想要同大伙儿一起共度黄昏，就得请求人家接纳他，同时尽量保持自己的尊严；生病的时候，只能从自己床铺所在的角落一连数星期注视着空荡荡的房间；总是在住房大门口向落日告别，从未伴着自己的妻子挤上楼梯；自己的房间里只有几扇侧门通向别家；用一只手端着晚饭，并把它带回家；不得不赞叹别人家的孩子们，而且有时偶尔说说："我连一个孩子也没有。"在外表和举止上，得像年轻时记得的一个或两个单身汉学习。

将来还会这样的，的确，不但是今天，而且在往后，他将独自站在那里，带着一副身躯，一颗真实的脑袋，还有一个前额，那是为了用手在上面捶打。（《单身汉的不幸》）

美国作家梭罗说，一个人走路，你可以轻易上路，不必等待任何人；而两个人走路，你就要等待别人做好准备才能出发。不论是选择一个人走，还是两个人一同上路，只有当事人自己有权决定，但重要的是，最终的选择会决定你将如何度过余生。所以，想想你希望拥有怎样的晚年，或许能帮助你做好年轻时的决定。

我们都是半个人

仅就“般配”这一问题的理论方面而言，正如所说，它实际上是不值一提的，至少不是你所说的那种意义——我还必须补充指出，对于一桩幸福婚姻来说，像你看来所要求具备的那种学历、知识、更高追求和观点的一致，我认为第一几乎不可能，第二是次要问题，第三甚至并不好，不值得追求。婚姻所要求的乃是人的协调，即所有观点更深刻的一致。这种一致并不能加以测检，而只能感受，即一种人团聚的必要性，可是，个人的自由却不会因此而受到丝毫妨碍。只有那种不必要的人的团聚才会妨碍它，而我们生活的绝大部分则是由这种不必要的人的团聚构成的。（《致菲利斯情书》）

如果我们想要在一起生活，决定性的只有心灵最深处的东西。其方向和判断，需要我们各自为自己做出。（《致菲利斯情书》）

古希腊哲学家柏拉图在《会饮篇》中写道：“我们每个人都只是半个人，就像儿童们留作信物的半个硬币，也像一分为二的比目鱼。我们每个人都一直在寻求与自己相合的那一半。”我们只有通过爱情，才能寻找到另一个自我，才能取得完整性。爱情是一种寻找，寻找一种人的协调，一种内在的团聚性，“他们的灵魂实际上都在寻找某种别的东西，这种东西他们叫不出名字来，只能用隐晦的话语和预言式的谜语道出”（《会饮篇》）。这种寻找不是外在的探寻，而是灵魂的寻觅；不是物质的，而是精神的；不是“般配”，而是神合。

爱情是一种生命的选择

教育姑娘们，她们成长的现实，对世界法则的适应，对我们来说总是有一种特殊的价值。以后，她们不会再那么没有希望地避开一个只是匆匆认识她们并很想匆匆与她们交谈的人，他们已经在那里稍稍停立了一会儿，尽管那儿并不是房间的处所。在这种地方，人们想拥有她们，不必再用目光、威胁或爱情的力量去抓住她们；如果她们转过身去，也是慢慢地做着这些动作。……此外，人们可一定不要满街乱跑，在家门口截取或等待一种偶然的幸福，尽管人们已经知道，他并没有能力强迫那种幸福。（《日记》）

一个成熟的人，不再会因为美貌、一句俏皮话、偶尔的一次哭泣而选择一个恋人。他们不会在街头将碰到的任何一个女子拥入怀中。他们以自己内在的全部生命去走进、去体会、去获得一份感情。

爱的表象与深层

一起生活的劳累。为陌生、同情、肉欲、胆怯、空虚所迫，而只有在深深的底处，大约是一条细细的小溪，才值得被叫做爱，对探索来说是不充足的，如在一瞬间里闪现一下而已。（《日记》）

爱是灵魂的契合，是全部身心的给予。爱不是一条细流，而是一条全部身心灌注的大河。共同生活的经历，只是爱的表面；内心精神的共鸣，才是爱情的实质。爱仅仅停留在表面是不够的。

爱人与引导者

我想起我读过谁写的这么一句话:“我的爱人是穿越地球的一道火柱,现在她把我拥抱住了。但引导她前进的不是被拥抱者,而是旁观者。”(《致密伦娜情书》)

在爱人前进的道路上,我们是否是他们最好的旅伴和支持者?他们能否从我们身上得到灵魂的慰藉?一个人的身体在家门里,而精神却在家门外游荡,寻找寄托,这是多么可悲的事情啊!爱情是一道窄门,只容许相合的灵魂进入。

爱的权利

尤其现在，我特别要扪心自问，这么明显地无法胜任现在乃至将来的更大的职位，仅在这个意义上，我是否有权利向你求婚，使你有勇气嫁给我。（《致菲利斯情书》）

爱情是一场全部身心的投入，只有双方都把最好的自我呈现给对方时，才能享受纯粹的爱情。最好的自我，源于自身，源于自身的肉体和内在的精神。无力去爱，是一种爱情的悲哀！

理想婚姻与理智婚姻

她，我和她（不，我不想和你妻子联系得如此紧密，对这事，或许她的看法不同）认为，你的“不适合结婚”之处在于，虽然你需要婚姻，可只是部分地需要，同时你的其他天性在拉扯你，也借此拉扯作为丈夫的你，而后者根本不喜欢这样，正因为如此，婚姻的基础遭到破坏。当然，你整个地结了婚，可是用和上述分裂人格相符的长远眼光来看，你先迫使人由远视变成斜视，这样即使结了婚，也是无益的。例如，你和你妻子结了婚，可是文学与她并存甚至高于她的存在。……与此相反，一位真正的丈夫——理论上可以这样概括——虽然应该在他妻子身上与世界结合，但不是把值得与之结合的世界看得远离他妻子，而是通过世界看到他的妻子。任何别的情形都是女人的痛苦，但是，对男人的拯救或拯救的可能性，也许并不少于那种理想婚姻。（《致马克斯·勃罗德》）

我并没说，你是为了文学和你妻子结婚的，而是尽管你钟爱文学，你还是结了婚，并通过缔结一个文学的“理智婚姻”（根据你的意思）来试图使人忘却这个“尽管”，因为你也必须出于真诚的理由结婚。正是因为你不能以一颗完全的新郎之心去结婚，所以便把“理智动机”带入婚姻。（《致马克斯·勃罗德》）

在理想婚姻中，男人要以一颗完全的新郎之心去投入婚姻，而不是部分地投入，或以分裂的自我投入。在婚姻中，妻子和世界完美地结合，我们通过世界看到妻子，通过妻子看到世界。在理智婚姻中，男人出于事业或生活的需要而走近一个女人，这是对男人的拯救，对妻子的戕害。

有爱才能通达婚姻

关于完美的爱情和婚姻，你们在《非此即彼》一书的基础上取得了一致的看法。使A没有能力建立与B的完美的婚姻的原因，仅仅是因为没有完美的爱情。（《致马克斯·勃罗德》）

没有纯粹的爱情，就没有纯粹的行动。爱人生病的时候，爱人淋雨的时候，爱人担惊受怕的时候，我们是否一边接着电话，一边玩着游戏，或者，脑子里想着与爱人无关的事情，寻找借口，借故拖延。我们不爱对方，所以，无法付出全部的自己。

失去与得到

菲利斯，我也得承认你是对的。冷静而全面观察，你肯定会失去许多，柏林，你的办公室给你带来的快乐，全然无忧无虑的生活，特有的独立而又适合你的愉快社交生活，你的家庭生活，等等——这只不过是我所知道的损失。为此，你将去布拉格附近一个语言陌生的乡镇，与一名公务员过一种小气的生活。他收入低微，烦恼肯定不少，你虽然仍是独立的，但不可能不受制约。代替社交和你的家庭生活的，是一位大多数时候（至少现在）忧郁、沉默的丈夫。他整日里忙于你陌生的工作。这些事情，或许只有爱情才能战胜（我不知道自己是否有资格在此奢谈这些）。（《致菲利斯情书》）

我们每个人都是拥有一双翅膀的天使，只有折损自己的一只翅膀，才能互相拥抱，共同飞翔，这是爱情中的得到与失去。得到一个爱人，失去许多朋友；得到一个温暖的怀抱，失去一份舒心的工作；得到一个温馨的家，失去儿时的故乡和与父母的朝夕相处。所以，只有遇到真心的爱人，才值得我们勇敢地失去。

克服爱情中的瑕疵

谁也不能要求你对我的感情清清楚楚，但你必须对这感情有信心。你这几次的来信并联系你前一段类似的情况，使我怀疑在你身上是否能找到这种信心。一定是什么地方隐藏着某种迷惑，否则我无法解释这一切。这种迷惑时隐时现，你起码应该有所察觉。但你却莫名其妙地没有去找出问题之所在，当然对问题也就一无所知。而这恰恰是你最应该做的。也许这问题只是一个小小的、容易克服的偏见，只是瑕疵，但这也可以成为像它现在这样妨碍我们接近的因素，今后会完全使你离开我。（《致菲利斯情书》）

两个灵魂相互靠近的爱情长跑，是一个逐渐剔除彼此杂质而互相融入的过程。冰最终会溶于水；木柴最终会被火焰燃尽。不能溶于水的冰，不能被火燃尽的柴，是爱情中互相拉扯的刺。爱情有刺，无须隐瞒和委屈自己，要试图交流和沟通。最终不能拔出的刺，是一种深刻的提醒：不要错爱。错爱一时，错爱一生。

两性之爱

性欲的爱模糊了圣洁的爱；它单独地做不到这一点，但由于它自身无意识地含有圣洁的爱的因素，它便能做到。（《对罪愆、苦难、希望和真正的道路的观察》）

对你的事，只要你不给我回信，我就还是只说：我也相信妇女的引导才能，一如女人在原罪中所表现出的，对此，人们像大多数时候一样不知感谢。……你说，真正的性生活的深层已对我关闭。你是对的，我也相信是这样。所以，我也避免评价你的事情中的这一部分，或者呢，仅限于确定，你认为是圣洁的那把火，没有足够的力量烧毁那些我容易理解的阻力。（《致马克斯·勃罗德》）

两性的结合，出于纯粹的欲望，便是动物之爱；出于圣洁的爱，便是神圣之爱。真正的两性生活的深处，是欲望之爱与神圣之爱的结合，是神圣之爱基础之上的欲望之爱。欲望之爱，如果它本身包含着神圣之爱的种子，同样是伟大的。

爱情与坟墓

我最大的幸福就是待在你身边，永不分离，没有间断，没有尽头。我经常梦见，这世界上没有一块净土让我们在那里不受干扰地相爱，村里没有，别的任何地方都没有，所以，我向往着一座坟墓，一座又深又窄的坟墓：在那里我们俩像被钳子夹住一样紧紧地拥抱在一起，我把脸紧贴着你，你也把脸紧贴着我，谁也再看不到我们！（《城堡》）

世界上最纯真的爱情是：如果没有你，身在天堂，心在坟墓；如果有你，身在坟墓，心在天堂。我们的爱情是我们小小的棺木，我们把它埋在彼此的内心深处。

爱情中的条件

如果我遇到一位漂亮的姑娘，并且求她："劳驾，请跟我来吧"，而她却默不作声地走了过去，那么，她的意思是："你既不是威名远扬的伯爵，也不是有着印第安人体格的宽肩阔背的美国人，后者有一双大胆而冷静的眼睛，还有那被草地的空气和流经草地的河流按摩过的皮肤。而你呢，既没有到过那些大江大海，也没有到过那些我一时讲不出的地方。所以，请问，我一个美丽的姑娘，为什么该跟着你走呢？"

"你忘记了，没有汽车会带着你长时间地颠簸着穿过高低不平的小巷；我没有看到有绅士追随在你身后，他们紧缩在自己的衣服里，在你身后形成一个半圆走着，为你喃喃地说着祝福的话语；你的胸部因为有了紧身的胸衣而显得很整齐，可是你的大腿和臀部却显得放荡不羁；你穿着一件饰有细条子折裥的塔夫绸连衣裙，在去年秋天，它使我们大家非常高兴，然而你偶尔还在微笑——这身体上的致命伤。"

"是的，我们两个都说得对，但是，为了意识到我们所

说的并非是不可辩驳的，我们不妨各自回家吧，你说对吗？”（《拒绝》）

在爱情中，你要求别人的，也正是别人所要求你的。当你不具有别人要求的种种条件的时候，也该好好想想自己心中的条件是否合理和必不可少了。

爱情需要“门当户对”

在唯一希望的婚姻中，妻子和丈夫作为人必须从根本上平等，这样才能在一个整体中独立存在。但这点做不到，仅仅因此，就不能结婚。（《致菲利斯情书》）

从外表上看，似乎一切都如愿以偿，汉斯生活有了保障，有个身强力壮的妻子，日子过得体面，店铺也不亏欠。但事实上并非事事如愿，如果他同一个普通姑娘结合，如果他是这姑娘的初恋、热恋的对象，那么他肯定比同您结合要幸福得多；您怪他有时候像丢了魂儿似的站在店里发愣，我看他之所以这样正是因为他的确觉得自己像丢了魂儿似的——当然他肯定不会因此而觉得不幸，这一点我对他是很了解的——可同样理解的是，像他这样一个长相很好又一点不笨的男人，要是同另一个女人结婚，就会更幸福，我说的幸福同时也是指更独立、更勤快、更有男子汉气。（《城堡》）

爱情需要“门当户对”。这里的门当户对不是指客观条件上的对等，而是指心灵上的平等，无须俯就，无须仰视。“希望和狮子匹配的驯鹿，必须为爱而死。”（莎士比亚《终成眷属》）一个踮起脚尖才能吃到爱情苹果的人是不幸的，因为，他不能一直踮起脚尖走路。

女性需要不断学习

一个好姑娘，尽管特别聪明，也会随着年龄增长和知识的贫乏而变得迷惘，不知所措，于是她就得嫁人，然而必须首先得到各路亲戚们的认可，而她所嫁之人，在她理智的时候是绝对不会考虑的。（《致菲利斯情书》）

婚姻是寻找对等的灵魂。人生犹如通往高处的旅程，在不同的高度，会碰到不同的人。我们要通过爱人看到世界，所以，站得更高，才会看到更精彩的世界。

爱真的需要勇气

我爱一个姑娘，她也爱我，但我不得不离开她。

为什么呢？

我不知道。情况是这样的，好像她被一群全副武装的人围着，他们的矛尖是向外的。无论何时，只要我想要接近，我就会撞到矛尖上，受了伤，不得不退回来。我受了很多罪。

这姑娘对此没有罪责吗？

我相信是没有的，或不如说，我知道她是没有的。前面这个比喻并不完全正确，我也是被全副武装的人围着的，而他们的矛尖是向内的，也就是说是对着我的。当我想要冲到那姑娘那里去时，我首先会撞在我的武士们的矛尖上，在这儿就已是寸步难行。也许我永远到不了姑娘身边的武士那儿，即使我能够到达，将已是浑身鲜血，失去了知觉。

那姑娘始终是一个人待在那里吗？

不，另一个人到了她的身边，轻而易举，毫无阻挠。由于艰苦的努力而筋疲力尽，我竟然那么无所谓地看着他

们，就好像我是他们俩进行第一次接吻时两张脸靠拢而穿过的空气。（《爱的险境》）

面对爱情，因为各种各样的原因，我们总怕伤害对方，或者害怕伤害自己，因而逡巡不前，最终丢失了爱情的戒指。

不敢靠近的爱人

任何一种幸运的承诺，好似对一种永恒生命的渴望。从某一种距离来看，这些希望就停留在那里，人们却不敢靠近。（《日记》）

越是美好的事物，我们越是不敢尝试，因为，我们珍惜它。越是喜欢的恋人，我们越是不敢接近，因为，我们害怕伤害他（她）。

有爱才珍贵

你收到的花使我感到很遗憾，我已分辨不出那是些什么花了，而它们现在放在你的房间里。……噢，当然啰，我有你昨天的，不，前天的电报，但那时花也还没有枯萎。为什么你为得到它们而高兴呢？假如说它们是你“最喜爱的”，那你应该对所有的都感到高兴，因为地球上这类东西多的是，为什么偏偏对这几朵感兴趣呢？但这或许是一个难以回答的问题，并只能口头回答。（《致密伦娜情书》）

法国作家圣·埃克苏佩里在他的著名作品《小王子》中描述了一个住在外星球的小王子形象。小王子在自己的星球上种了一朵玫瑰，这朵玫瑰和地球上那片玫瑰园中的玫瑰相比，既不更美丽，也不更馥郁，但是小王子还是更爱它。小王子说，我爱它是因为，我为它浇灌过，为它遮风挡雨过，为它真心付出过。我们所爱的人就像小王子珍爱的玫瑰一样，因为我们对他（她）倾注的爱和努力，他们才变得弥足珍贵、不可取代。

你洞察一切，但依然爱我

你不喜欢我的书，正如你那时不喜欢我的照片一样。这并没有什么，因为那上面的东西绝大多数都很陈旧，但它们毕竟是我生命中的一段，对你来说比较陌生的一段。……最亲爱的，你看，我愿你了解我的一切，任何东西，哪怕它极其微小，也不放过，因为我想，我们是紧密相连的。也许你喜欢的衬衫就其本身而言我并不喜欢，但由于你穿着它，我对它便有了好感；我的书本你不喜欢，但因为是我的作品，所以你一定喜欢——现在都说出来了，而且双方因素都在内。（《致菲利斯情书》）

告诉我，你洞察一切，但依然爱我。（《致菲利斯情书》）

佛教合掌，即双手合十，乃古印度所行之礼法，佛教沿用之。印度人以右手为神圣之手，左手为不净之手，合而为覆，意为人类乃神圣与不净之合一，合掌以示人类之真面目。佛教合掌后常诵佛号，意为佛教知众生虽有善恶，亦以慈悲心怜悯之。爱情亦需如是。我们知道一个人的过往、好与坏，仍以纯爱之心爱之。我知道你所有的缺点，但我依然爱你，这才是真正的爱。

不要试图改变你爱的人

我爱你，菲利斯，以我的一切，以我人性中的长处，以一切能使自己混在活的生命中的有价值之处。如果这太少了，那我本身就很少。你是什么样我就爱你什么样，包括在我看来好的和不好的，一切的一切。可你就不是这样。你对我不满，对我有许多责难，想让我成为另外一副样子，不是现在的我。我应该“更多地生活在现实中”，“应当从现实出发”，等等。难道你没有发觉，如果你从真实的需求出发，想要这些，那你想要的不再是我，而是从我身边擦掠而过吗？菲利斯，为什么想改变人呢？这不合理。要么，就要人现在的样子，要么就放弃它。人是不可以改变的，至多只能干扰他们的本性。人不是由一个个零件组成的，以至于可以根据自己的需要把它们取出来，换上一些其他的。人实际上是个整体，你牵动了一头，事与愿违，另一头也动。尽管如此——甚至连你对我多有指责，并想改变我，甚至这些我也爱，我只想让你也知道这些。（《致菲利斯情书》）

人的性格不是水，可以从一个杯子倒到另一个杯子中去。（《致格雷特·勃洛赫》）

人内心深处根植的种子，无法轻易地被改变。一个人，不应该早恋，也不应该晚恋，而应该在合适的年龄以成熟的自我，走进爱情的广场。他选择、交往、相爱或分离。他不担心自己被改变，他知道他想要的是什么。不要试图打造一个“合适的”爱人，此刻，不合适，就是不合适。要忍着痛说再见，而不要试图改变一个成熟的人！

爱的不同形式

最亲爱的，我最亲爱的，出于爱，只是出于爱，我要与你共舞，因为我觉得跳舞、拥抱和旋转与爱紧密相连，是爱真实的、疯狂的表现形式。（《致菲利斯情书》）

不要感到不安，最亲爱的，我不会再如此没有信心，请原谅我，我对你恶言相加只是出于我对你的爱。也许有时我在自己不知情的情况下伤害了你，请你一定从我的爱中找到理由，通过任何一条复杂的途径都一定能找到它。（《致菲利斯情书》）

爱有不同的表现形式。在月光下漫步、拥抱、旋转，是爱；在细雨中呵斥、在电脑前皱眉、在你挑剔食物时嗔怪，也是爱。有些爱，如和煦的阳光，光明而温暖；有些爱，如静谧的黑夜，需要我们用心灵去寻找。

为爱你的人呵护自己

这我不能原谅，永远不能，即使我们一百年后再坐在我们的小屋前，我也要为此而絮絮叨叨地轻声责备你。不，我不是开玩笑。这是多么大的矛盾啊，你一边说你喜欢我，也就是为了我，一边又饿着肚子，以示反对我。（《致密伦娜情书》）

要学会为爱你的人和你爱的人好好照顾自己！

爱情与威胁

一个姑娘与另一个人的未婚妻一起到他这里来，……说自己一定要嫁给他，假如他拒绝，她就从窗口跳出去。他真的拒绝了，也不去守着窗户。这两位姑娘虽然没有往外跳，事情却也很可怕，一个姑娘抽筋般地狂叫起来，另一个姑娘——我忘了她怎么了。我不否认这一切在事实上是这样的，或者甚至更糟糕，我只是弄不懂，听起来怎么会这么枯燥无味。（《致密伦娜情书》）

一边拿着刀子，一边示爱，这样的爱情，不是心的自愿给予，而是心的强取豪夺。

同情与爱

你的话实际上意味着，说得简单一点，无异于你想牺牲自己，因为你看到“我必须拥有你”，我会接受这种牺牲，而且是最亲爱的人的牺牲吗？如果我这样做了，你必定会恨我，不仅如此，如果真像你信中写的那样，那你现在已经在恨我。为了能够自愿地同他在一起生活，你必定会恨那个你并不深深爱的人，这个人却通过某种手段（尽管这些手段无非是出于他对你的爱）把这种共同生活强加给你。（《致菲利斯情书》）

现在请带上我，最最亲爱的，但不要忘了，不要忘了在适当的时候推开我。（《致菲利斯情书》）

爱情不是施舍。同情，往往是对双方的戕害。爱者出于自身的善良，要去爱一个自己并不爱的人；被爱者，心安理得地享受着虚幻的爱情梦，当他清醒过来的时候，他也将陷入自责的痛苦中，因为，这爱情是以牺牲对方为代价的。所以，请勇敢地推开那个你不爱的人，这才是真正的慈悲！

不要伤害你不爱的人

当我提到美男子鲁迪在女人中获得的成功时，卡夫卡博士说："对女人来说，这种男人的幸福是摧毁她们生活的不幸。如同每一个单方面的、建立在他人弱点和痛苦之上的幸福，这种幸福是深重的罪孽。沐浴在虚假幸福的光照之中的人最终必会在某个荒凉的角落被自己的惧怕和利己欲窒息而死。"（古斯塔夫·雅诺施《谈话录》）

爱尔兰诗人叶芝在他的诗作《当你老了》中写道：

"多少人爱你青春欢畅的时辰，
爱慕你的美丽，假意或真心，
只有一个人爱你那朝圣者的灵魂，
爱你衰老了的脸上痛苦的皱纹。"

如果你不爱她朝圣者的灵魂，不爱她苍老的皱纹，那么也请不要爱慕她的美丽。你拾取她最美好的岁月而后把她遗弃，这是对他人的幸福和自我的灵魂的践踏。

背叛爱情

你说着令人不安的事情时，也那样令人不安地在房间里踱来踱去。当时，在我看来，以另一种方式与此相应地，你妻子比你有理得多，就像为区分其他事物，妇女们从根本上或许就更有理一些。对你不适合结婚的指责，至少从她嘴里说出来的，听上去是真的。如果你反驳说，这正是你的痛苦，她的回答仍是，因为这痛苦不是她的，你就无权把你的痛苦变成她的。你只回答，这是她的事情，正因为她是女人。因此事情就又提交给一个那么高等的法院，该法院不判决，而是让审判重新开始。（《致马克斯·勃罗德》）

卡夫卡的朋友马克斯·勃罗德出现了婚外情。卡夫卡批驳他："因为这痛苦不是她的，你就无权把你的痛苦变成她的。"一个背叛爱情的人，是把自己的错误转嫁给了自己的另一半。这是不道德的行为，需要受到更高的道德审判。

不要过早地碰触爱情

我向他讲起我的中学同学W。他十四岁时被他的法语女教师诱奸，从此，他害怕所有的姑娘，甚至害怕自己的姐姐，于是不得不请心理分析专家帕策尔博士给他治疗。“爱情总要带来无法真正治愈的创伤，因为爱情总是在污秽的伴随中出现。”卡夫卡说，“只有情人的意志才能导致爱情与污秽的分离。而像您的年轻朋友这样尚未自理的人在爱情中还没有自己的意志，所以，他就被污秽的东西所污染。他是未成熟时的迷惘的牺牲品。这样就会产生严重的损害。一个男子的痛苦表情常常只是凝固了的儿童的迷惘。”（古斯塔夫·雅诺施《谈话录》）

英国剧作家莎士比亚在他的戏剧作品《仲夏夜之梦》中说：“凡是生长的东西，不到季节，总不会成熟。”一个人在没有披戴好理智和意志的武器之前，不要轻易走进爱情的角斗场。否则，受伤的不仅是身体，还有未来对爱情的信仰。

不要在爱情中失去自我

年轻的 F.W 因爱情挫折而自杀。我们谈论此事。卡夫卡说：“什么是爱？这其实很简单。凡是提高、充实、丰富我们的生活的东西就是爱。通向一切高度和深度的东西就是爱。爱就像运输工具那样毫无问题。成问题的只是驾驭者、乘客和公路。”（古斯塔夫·雅诺施《谈话录》）

爱得失去自我，甚至因此失去生命，这是爱者最大的悲哀。因为爱情没有使你充盈，而是使你枯竭。

爱情使人生更丰富

从恋人的存在中寻找生活下去的理由，这依然是耻辱。（《致菲利斯情书》）

别人心目中的家与我想象中的不同，这无可非议，但这些人一旦结婚基本上就满足了，婚姻对他们来说只是最后一次盛大而美好的事情，而对我并非如此，我不会满足，对我来说，婚姻并非是一桩年复一年、不断发展的生意，我不需要一个这样的归宿。（《致菲利斯情书》）

在爱情的世界里，只要找到了对的那个人，我们就会获得源源不断的生活动力。因为爱，我们会更加努力地工作，更加积极地充实自我，更加无畏地走向未来。所以，婚姻不是生命的满足，而是开启人生新篇章的动力。止步于爱情，满足于婚姻，人生的境界便窄仄到两个人的领域，在这个领域之外，比如亲情、友情，又安身于何处呢？爱情不是人生的全部，它应该使我们的人生更加丰富。

第二章

家庭与教育

卡夫卡出生于布拉格的一个犹太商人家庭。父亲性格粗暴，对卡夫卡实行暴君般的家长式管理，母亲气质忧郁、多愁善感。性格孤僻内向的卡夫卡和父母之间鲜有交流。

但或许正因如此，卡夫卡十分向往家庭的温暖。他认为组建一个家庭，是人生最高的形式；对待孩子要采取温柔的态度，不要给孩子过多的压力。卡夫卡关于家庭和教育的见解，对于今天已为人父母或将为人父母的我们，同样有所裨益。

在短篇作品《回家》中，卡夫卡写道：“一个人在家门口踯躅得越久，就越觉得自己是个陌生人。”卡夫卡有家，有一个他不愿意回去的家。他是孤独的，因为，他从来没有得到他渴望的家的温馨。也许，幸福对于某些人唾手可得，而对于另一些人却是遥不可及的。多花些时间去珍惜家庭、关爱孩子吧！等年华逝去，一家人一起回忆共同走过的快乐时光的时候，你就会发现那是一件多么幸福的事啊！

家与责任

“我认为您在遥远的地方，而实际上您就在跟前。您不喜欢赫鲁默茨？”

“喜欢，不过……”

“不过这里更美，是吧？”卡夫卡脸带笑容说。

“这您知道，家总归是家。这到底不一样。”

“在家里总是不一样的，”弗兰茨·卡夫卡目光蒙胧地说，“倘若人们自觉地生活，清醒地意识到他为他人所承担的责任和义务，那么老家总是不断地具有新意。究其根本，人只因承担责任才是自由的。这是生活的真谛。”（古斯塔夫·雅诺施《谈话录》）

家，一个温馨的词汇，它不是一个地方，而是一段感情的寄托。“在河流与岩石之间有属于我们的一小片果园”（奥地利·里尔克《杜伊诺哀歌》），我们和父母共同生活在这片果园中。家是我们精神的果园。

做温暖家庭的一团火

在这个家庭感情里，我本人就已深刻地认识到我们这个世界冰冷的空间，我一定要用一把火来温暖这个空间，这火正是我要去寻找的。（《日记》）

卡夫卡写道：“一个人在家门口踯躅得越久，就越觉得自己是个陌生人。”（《回家》）然而与陌生人不同的是，他必须回家，必须走进这个房间。如果屋子是冷的，与其到处找火来温暖房间，不如把自己变成一团火，去温暖这个家庭中的每一颗心，也温暖自己。

做父母的领路人

来到老城环形路，离他家不远时，他说："您家里的争吵不仅折磨您，您的父母更深受其害。异化使您的父母互相疏远，分道扬镳，他们由此而失去许多我们所拥有的宝贵东西，失去了许多生活内容和生活的意义。这样，就像我们时代的大多数人一样，您的父母在心灵上是残疾的。今天，大多数人在感觉和想象这两方面是残废者。因此，您不能把您的父母推回去。您必须像对盲人和瘸子那样引领他们，搀扶他们。"

"我怎样才能做到这一点？"我绝望地问道。

"用您的爱。"

"倘若他们两人都打我呢？"

"是的，正是这时您要表现出爱。您要用您的平静、您的宽容和耐心，一句话，用您的爱唤醒您父母身上已经处于消亡的东西。不管他们怎么打，怎么不公正，您都要爱他们，重新引领他们恢复公正，恢复自尊。因为什么叫不公？不公就是健康状况不佳，迷途，摔倒，在尘土中爬行，以不符合人的尊严的姿势。您必须像对待两个迷途的人那样，用您的爱把您的父母扶起、扶正。您一定要这样做。就像我们大家一样。否则我们就不是人。您不能因为痛苦而谴责他们。”（古斯塔夫·雅诺施《谈话录》）

做父母的领路人，恰若父母引领幼时的我们。

感激也是生活

如果某一个人说："究竟是什么牵挂着我的生活呢？只是由于我的家庭缘故，我才不想死。"但这个家庭正是生活的代表，这么说，他却不想因为生活的缘故而留在生活之中。如今，凡牵涉到母亲的那些事对我来说也似乎是重要的，但要在最后的时刻。但那是否令我为此感激和感动呢？感激和感动，因为我看到，她是怎样用一种对她的年纪来说是无穷无尽的力量竭力平衡我对生活失去的关系。感激也是生活。（《日记》）

感恩母亲。她们不但给了我们生命，还用无私的付出教会了我们如何与世界相处。如果问你为什么不愿死，对母亲的感激，对家庭的爱恋，一定是让你对这个世界恋恋不舍的重要原因。感激，也是一种生活的理由和方式。

感恩家人

当初格里高尔一心只想着要竭尽全力让家里人尽快忘掉父亲事业崩溃使全家沦于绝望的那场大灾难。所以他以不寻常的热情投入工作，几乎是一夜之间便从一个小办事员变成一个旅行推销员，从此自然便有了更多的赚钱的机会，他在工作上的成就立刻便以佣金的形式转化成现金，可以放在家里的桌子上，呈现在惊诧而又喜悦的家人面前。那真是无比美好的时刻，这样美好的时刻以后再也没有出现过，至少没有这样风光地出现过，虽然格里高尔后来挣钱越来越多，他有能力承担并且也确实承担了全家的开支。家里人也好，格里高尔也罢，大家都习以为常了嘛，人们感激地接过这钱，他乐意交付这钱，可是一种特殊的温暖感却怎么也生不出来了。（《变形记》）

爸爸第一次送你生日礼物，你亲吻爸爸，高兴得手舞足蹈；爸爸第二次送你生日礼物，你拥抱爸爸，露出微微的笑意；爸爸第三次送你生日礼物，你接过礼物，说声谢谢爸爸；爸爸第四次送你生日礼物，你接过礼物，不言不语；甚至有一天，如果爸爸因为繁忙的工作错过了你的生日，你还会对他大发雷霆。

我们是从什么时候开始忘记了感恩家人，把一切当作理所当然的呢？

公正地对待家人

再说，你从来都是离商店和家庭越远，你就越和气，越迁就、客气、体贴人、关心人（我说的也包括表面上），这就像一个君主，一旦出了他的国家的边界，就没有理由仍然摆出暴君的架子来，于是，甚至可以和善地同最低贱的人打交道了。确实，你在弗兰岑巴德拍的集体照中总是那么伟岸而又愉快地站在一些闷闷不乐的小人物中间，犹如一个巡访的国王。你的孩子们本来显然也可以从中获益的，只是他们必须在童年时就有能力（而这是不可能的）认识到这一点。比如我就不应该始终在一定程度上居于你的影响的最里面、最严格、最牢固连接的圈子之中，可惜我就是这么做了。（《致父亲》）

沉默寡言和情绪不佳意味着回避而不愿公正待人，因为公正待人需要人们投入整个生命，它是不会嫌长的，当然我也承认人们也许有时在父母面前不能保持公正，至少我完全不可能，但是人们应该在自己最困难的时候能够感觉到爱的可能性。（《致格雷特·勃洛赫》）

我们对待朋友、同事甚至陌生人都能和颜悦色，对待亲人却互相折磨、厉声呵斥。越亲近的、越亲密的人，我们越不怕去伤害，因为我们以为，无论我们如何伤害他们，他们依然会深爱我们。我们带着他人给我们的伤害，去伤害那些深爱我们的人。这是多么荒谬的爱的悖论啊！

孩子是父母的影子

兄弟姐妹之间的爱——父母之间的爱的重复。（《日记》）

孔子曰："与善人居，如入芝兰之室，久而不闻其香，即与之化矣；与不善人居，如入鲍鱼之肆，久而不闻其臭，亦与之化矣。"（《孔子家语·六本》）子女是一面家庭的镜子，父母不和，则子女不睦；父母乖戾，则子女乖戾。父母爱，则子女爱；父母和，则子女和。孩子是父母的影子。

母亲是父子冲突的牺牲品

当然，人们永远记得，母亲在家庭中的位置是多么痛苦，多么吃力。她为商店、为家务辛苦操劳，家里每个人每病一场她都比病人多受一倍的罪，但这些与她在我们和你之间的中间位置上所受的折磨简直不可同日而语。你对她一直是爱的、关心的，但你又像我们一样，给她的体贴少之又少。我们毫无顾忌地对她轰击，你在你那边这么干，我们在我们这边这么干。这是一种方向偏转，人们心中并不怀恶意，想着的只是你同我们、我们同你的斗争，但却在母亲头上大吼狂叫。像你那样为了我们的缘故而折磨她（当然你是毫无过错的），并不是为教育孩子而做出的积极贡献。这种做法甚至为我们本来无法在她面前自圆其说的行为作了辩护。她为了你在我们这里和为了我们在你那里受了多少折磨啊，这还没有把那些被你言之有理地称为对我们的娇惯的情况计算在内，当然，这种“娇惯”有时只是对你的体系的一种默默的、无意识的“反示威”。自然，如果母亲没有从对我们大家的爱和这种爱所带来的幸福感中汲取

忍受这一切的力量，她就无法承受这一切。（《致父亲》）

母亲是伟大的，她既要承受生活的重负，还要替代我们忍受家人互相给予的不幸。可又有多少人能真正意识到母亲的辛劳呢？只愿我们明白母亲的伟大和自己的过错的时候，一切都还来得及。

用孩子的思维理解孩子

我这三位女友（三位姐妹，最大的五岁）的看法比您理智，只要一有机会，不管我们是否在河边，她们就要把我扔到水里去，而这不是因为我干了什么坏事，根本不是。假如大人这么吓唬孩子，这当然是开玩笑和爱的表示，它意味着：现在让我们说说最最不可能的事情来开心一下吧。但孩子们是严肃的，她们不懂得什么是不可能的事情，哪怕十次扔不动，她们也不会相信下一次还不会成功，她们甚至不知道，这十次没有一次是成功的。假如用大人的知识来理解孩子们的意图，孩子们便让人感到无名的恐惧。（《致密伦娜情书》）

孩子看到月亮，想到的是璀璨的星空上住着美丽的月亮姑娘，我们看到月亮，想到的是一个围绕地球的行星。要想教育好孩子，我们既需要站直了身子给孩子讲道理，也需要俯下身子和孩子做玩伴。

给孩子一个童年

在我们这个民族中，人们没有青年时代，也几乎没有非常短暂的童年时代。虽然一再提出这样的要求：应当保证让孩子们得到特殊的自由，特殊的爱护，让他们有权利稍许逍遥自在些，稍许胡闹几下，多少玩一玩，应当承认孩子们有这些权利，并且帮助实现这些权利；这样的要求提出来的时候，几乎人人都赞成，没有什么东西比这些要求更应该得到赞成的了，但是在我们的实际生活里，没有什么东西比这些要求更少地得到承认……儿童没有时间当儿童。……我们就无法给孩子们一个真正的童年。

我们没有青年时代，我们一下子就变成了成年人，而成年阶段又太长，因此，从童年开始，我们这个从总体上说具有坚忍不拔精神和前途无量的民族，普遍感到某种厌倦和失望。（《女歌手约瑟芬或耗子民族》）

英国诗人史文朋说："没有儿童的地方就没有幸福"（《欢迎曲》），那么，没有童年的人生，就难言快乐。给孩子一个快乐的童年吧，正如我们小时候所渴望的那样。

切勿揠苗助长

我没有做足够的准备。这在一种精神的意义上说是这样的，正如贝克教授在26年前并没有发觉那是预言般的玩笑时所说的："请您让他还是进五年级吧，他太弱了，过分往前赶，以后会造成恶果的。"事实上我就是这样成长的，就如窜得太快太高的、而且是被遗忘的秧苗，一种在一定程度上娇嫩的典型，遇上一阵风就做出躲避的动作。（《日记》）

时间是最好的导师。一个人应当在适当的年龄做适当的事。

不要对孩子期望过高

我母亲是个沉默寡言的骄傲的女人，总是尽最大的努力控制自己不平静的天性，对她来说这无疑是个折磨。她对我的能力有着广阔的幻想，但由于不好意思她从未向任何人承认过这一点，所以她也没有一个人可以让她来谈论和强调这点，正由于这样，我的不争气对她就更加痛苦，而这是无法以沉默来掩盖的，事实本身就承认了它，何况还有讨厌的一大堆证人，也就是所有的老师和同学。我对她成了个可悲的谜。……然而我在她悲哀的询问的目光下继续过着我无忧无虑的少年生活。我没有野心：如果我没有不及格，我便满意了；如果我不及格了，那么便构成一个全年无法摆脱的威胁。（《笔记本和散页中的断简残篇》）

一个人不能做超出他能力之外的事情，成人如此，孩子亦如此。一个成人无论多么热爱幻想，都不会真的把自己当成国王，因为，他承认并尊重自己的能力。对于孩子，我们也应该承认和尊重他的能力。

切勿要求子女感恩

你大体上觉得是这样的：你一辈子艰苦工作，为你的孩子们，首先是为我牺牲了一切，结果我得以过上“花天酒地”的生活，有充分的自由可以选择学习专业，丝毫不必为吃饭问题担忧，也就是根本无须有任何忧虑；你并不为此要求我们感恩，你是知道“孩子们的感恩心情”的，但我们至少得做出某些迎合姿态，一种同情的信号；我不是这样，反而从来就躲着你，躲进我偏激的思想中；我从来没有同你坦率地交谈过，我没有去教堂站到你的身边去，在弗兰岑巴德我从来没有去看过你，除此之外，也从来没有家庭观念，对商店和你的其他事情漠不关心，我把工厂套在你的脖子上，然后扬长而去。如果你把你对我的评价加以归纳，就会显示出，虽然你没有指责我下流或恶毒（也许我最近这次结婚意图是个例外），但分明在说我冷淡形同陌路，忘恩负义。（《致父亲》）

每一位父母都希望自己的孩子能够有所成就，但如果总是反反复复地向孩子强调自己的辛苦与付出，给孩子施加过大的压力，又让孩子如何自由自在地展翅高飞呢？

不要让孩子觉得自己是个乞讨者

谈完这些经历之后，你总是习惯用酸涩的玩笑说我们的日子过得太好了，但这种玩笑从一定程度上看并非玩笑。你当时必须靠艰苦奋斗得来的东西，我们轻而易举地从你手中拿来，但那种为外在生活进行的斗争你是很早就在进行了，这种斗争当然也免不了要把我们卷进去，只是要比你晚，也就是说在进入成人年龄后才以孩子的力量去斗争。我的意思并不是说，这么一来我们的处境与你相比就是绝对不利的，可以说他们是相等的（当然这里并未将基础条件加以对比）；我们的不利之处仅仅在于：我们无法以我们的磨难吹嘘自夸，也不能像你利用你的磨难所做的那样，以此压得别人低声下气。我并不否认，我是有可能从你那伟大的、成就非凡的劳动果实中得到享受，加以利用，并为讨取你的欢心，利用它们继续开拓的，但我们对这种做法却是异化了的。我能够享受你的给予，但只能怀着自惭、疲乏、孱弱、负罪感来享受。所以为此一切我只能以乞丐的方式表示感谢，却不能以行动来感谢。（《致父亲》）

父母在孩子面前对自己成长苦难的吹嘘是一种变相的索取和侮辱。它仿佛在说：我为你付出了很多，你应该报答我；我是伟大的，你不可能像你的父母一样伟大。

那么，孩子的自卑心理的产生和意志的消沉也就是再自然不过的事情了。

你是孩子眼里的暴君吗?

与这个差别相适应的还有你精神上的统治权威。你以自己的力量单枪匹马奋斗到这么高的位置，因此你对自己的见解抱有无限的信任。这一点对童年时代的我还不像后来对正成为成人的年轻的我那样耀眼炫目。你坐在背靠椅上统治着世界。你的见解是正确的，其他任何见解都是发病的、偏激的、癫狂的、不正常的。你的自信之强，使得你的思想根本不必前后一贯，也照样永远是正确的。还可能出现这种情况：你对一件事根本就没有观点，这就导致对这件事可能产生的任何观点统统是错误的。比如你可以骂捷克人，然后骂德国人，然后骂犹太人，而且不是有所选择，而是什么都包括在内，到最后除了你以外没有一个人未被骂到。你在我心中产生了一种神秘的现象，这是所有暴君共有的现象：他们的权力不是建立在思想上，而是建立在他们的人身上。（《致父亲》）

不要成为孩子眼中的暴君。如果你是一个暴君，你的臣民就一定会设法反对你，即使不是在行动上，也会在精神上。

家庭内部精神结构的平等

立即公正地在这个家庭动物体内制造平衡是绝对不可能的（只有公正的平衡才是真正的平衡，只有它才能存在下去），其原因是它的各个组成部分之间存在不平等差距，即多少年来父母对孩子表现的强得吓人的威势。因此，在孩子处在童年时代时，父母认为自己是唯一有权力代表家庭的，不仅对外如此，而且在家庭内部的精神结构上也是如此。这样他们就一步步地剥夺孩子的个人权利，使他们没有能力让这种权利发挥好作用。这是个不幸，它以后对父母的打击将并不比对孩子的打击少多少。（《致艾莉·赫尔曼》）

一个人，最初感受到的不平等，如果是来自家庭内部，这是多么大的悲哀啊！家庭内部的不平等，要么使孩子成为父母精神上的奴隶，失去独立思考的能力；要么使他们迫切地希望离开父母，更乐于和朋友、同事待在一起。而当父母悲哀地发现这一点时，一切都难以挽回了。

给孩子走自己的路的自由

我需要一点儿鼓舞、一点儿亲昵、一点儿走自己路的自由，但你却拧歪了我的道路，当然是出于好意，希望我走另一条道路。可是我却没有去走那一条路。比如，当我一本正经地敬礼并行军式地走路时，你就鼓励我，但我并不是未来的士兵；或者当我大口大口地吃饭时，甚至还能喝一喝啤酒时，或唱起并不理解的歌时，或模仿你习惯的讲话腔调时，你总是鼓励我，但这一切都与我的未来无关。很能说明问题的是，直到现在你也只有在你自己对事情本身也产生热情时，只有事情关系到你的自我感觉，而这感觉受到我的伤害（比如通过我的结婚意图）或者在我身上受到伤害（比如培帕辱骂我时），你才会鼓励我去干什么事情。这时你鼓励我，把我的价值告诉我，指出我肩负的重任，把培帕批得一无是处。且不论以我现在的年龄鼓舞已经对我起不了作用，而且在不是主要牵涉到我的事情上对我进行鼓舞，于我又有什么帮助呢？（《致父亲》）

孩子的生活是属于他们自己的，父母不能把孩子当成自己意志的玩偶，而应该给他们充分的自由，去选择自己喜欢的道路和憧憬的未来。父母要做的，就是站在路边，适时地给予孩子鼓励，即使孩子选择的道路和父母期待的有所不同。

不要随便反对孩子的想法

所有这些似乎与你无关的思想从一开始就带上了等待你即将说出的判断的负担；要想忍受住这个负担，直到完整地、持续地形成这种思想，几乎是不可能的。我这里说的不是那些高层次的思想，而是童年时代任何小的举动。只要是对任何一件事感到高兴，心里只想着它，兴冲冲地回到家里，把这事说出来，回答就会是一声嘲讽的叹息、一个摇头的表示，一个手指敲桌子的动作：“世面我见得多呢”，或“你最好把你的烦恼告诉我”，或“我的脑袋可不是这么给脸的”，或“这对你有什么用”，或“这也算回事吗？”当然，你在烦扰和辛劳中生活着，自然不能要求你对小孩子的每件小事都抱以满腔热情。问题也并不在这里。问题的症结是：出于你那与孩子截然相反的天性，你始终如一地给孩子带来这种失望，再加上这种天性的对立通过物质的堆积不断加强，以致最后甚至在你偶然同我的看法一致时，这种对立仍然带着惯性继续发挥作用，以致孩子的失望最终已不再是寻常生活中的失望，而是由于它是由你那决定一切的自身造成的，触及到了核心。勇气、决心、信心和对这对那的愉快都不能坚持到底，只要你表示反对，或只要能够估计到你可能反对，一切便都告吹；而我做任何事情时几乎都能够估计到你可能会反对的。（《致父亲》）

卡夫卡在长篇小说《审判》中写道："指责是没有用处的，尤其是当指责别人的人连自己也不明白指责的理由时更是如此。"

有时候，父母反对孩子，仅仅因为他们是孩子。

发挥孩子的独特性

每个人都是独特的，并有义务发挥其独特性，但是他必须喜欢他的独特性。据我所知，人们不管在学校还是在家里都在努力消除人的独特性。这样会减轻教育工作的负担，但也会减轻孩子们生活的分量。（《笔记本和散页中的断简残篇》）

世界上没有完全相同的两片树叶，也没有完全相同的两个人。使一个人把自己和他人区分开来的不是他的名字，而是其自身的独特性。保护并鼓励孩子发挥自己的独特性吧，这也许会增加父母的教育负担，但可以让孩子拥有足以使其受益终身的独立人格和完整人生。

用温和的方式对待孩子

我曾是个腼腆的孩子，但我当然也像其他孩子一样是执拗的，当然母亲也很宠我，但我不能相信，我是特别难以操纵的。我不相信，一句亲切的话，一次默默的握手，一道善意的目光不能使我顺从人们对我的一切要求。而你其实是个善良的、心肠软的人（下面的话并不能否认这一点，我将谈到的仅仅是你对孩子施加影响的现象），但并不是每一个孩子都有韧性和毅力，去长时间地寻找，直到找到善意所在。你只会像对你自己那样对待孩子，用力量、咆哮和暴怒，而你也觉得这种方法很适用，因为你想把我造就成一个强有力的、勇敢的小伙子。（《致父亲》）

没有哪个孩子是生来就坚强勇敢的，最初他们都是一个个脆弱的灵魂，仿佛琉璃般容易破碎。他们不是石头，还不能忍受我们语言的敲打；他们不是猎人，还没有耐心寻找我们愠怒表情后面隐藏的善意。请用温柔且直接的方式对待孩子吧，不要让父母的强势成为他们心灵深处最大的阴影。

不要体罚孩子

最初几年里我记住的只有一件小事，你可能也还记得。有一天夜里我不停地要水喝，不过不是出于渴，而可能一部分是为了要惹恼你，一部分是为了寻乐。在一些强烈的威胁不生效后，你把我从床上拽起来，抱到阳台上去，关紧了门，让我独自一人穿着衬衣在那儿站了一阵子。我不想说这是不正确的做法，也许当时除了这样没有办法使夜间的安静得到恢复。但我想要以此说明你的教育方法及其对我的影响的特点。自那以后，我当然是听话了，但这事却给我造成了一种内心的伤害。以我的天性，我根本无法把我认为很自然的那次荒唐的要水的哭闹同极其可怕的被抱出去这件事联系在一起。许多年后我还经常惊恐地想象这么一个场面：那个巨大的人，我的父亲，审判我的最后法庭，会几乎毫无理由地向我走来，在夜里把我从床上抱到阳台上去，而我在他眼里就是这样无足轻重。（《致父亲》）

不要体罚孩子，因为伤痕不仅遗留在身体上，更会烙刻在心灵上。

孩子还只是孩子

你用威胁来加强斥骂的威力。使我感到恐惧的比如有“我要把你像条鱼一样撕碎”，尽管我知道，此后并不真会出现那么可怕的事（童年时我当然并不知道这一点），但它几乎与我对你的巨大力量的想象相符，我认为你也确实有能力这么做。可怕的还有，你吼叫着围着桌子跑，做出要抓住谁的样子，很明显你并不想抓住他，但最后总是像那么回事地碰到他，而母亲则最终做出救他的样子。在孩子的眼里，生命由于你的慈悲才又一次得以存在，并作为无功受赏的你给的礼物而继续下去。（《致父亲》）

很多时候，父母觉得只是玩笑的一句话，在孩子心中却会造成深深的伤害。孩子只是孩子，单纯且渴望关爱的孩子。

不要讽刺孩子

你在教育中特别喜欢讽刺，它也最能表达你在我面前的优势。你的训诫常以这样的形式出现："你就不能这样和这样干吗？这样你是不是认为已经做得太多了？你当然是没有时间来做啰。"等等。每提出这么一个问题，总伴随着恶意的笑和恶意的表情。人们在还不知道做了件错事之前，在一定程度上已经受到了惩罚。令人气愤的还有那些作为第三者对待的指责，也就是说连直接受到恶意训话的资格都被取消了；比如你表面上对母亲说话，但实际上是冲着坐在一旁的我来的，如："这事当然不能要求儿子先生去做了。"等等。（《致父亲》）

卡夫卡说："话语是生与死之间的抉择。"（古斯塔夫·雅诺施《谈话录》）出自父母之口的讽刺语言，是摧毁孩子的自信与尊严的"最好"武器。

言传身教

同时，可不可能使一个处于满心害怕而观察得非常仔细的孩子理解：你以犹太教的名义、以相应的满不在乎的态度搞的那些全不相干的事情有着崇高的意义。这些不相干的事情对你来说意味着对以往的年头的小小的回忆。尽管你想把它们传给我，但由于它们连对你都失去了自身价值，于是你只有靠说服或威胁来这么做；一方面，这么做是不会成功的，另一方面，由于你根本认识不到你在这方面的虚弱的处境，你自然会由于我看上去顽固不化而大动肝火。（《致父亲》）

曾子杀彘，言传身教。如果所说与所做不一致，如果不能以身作则，那么，父母就是孩子最坏的导师！

一视同仁

但对于我这个孩子，你对我吼叫的一切都不啻是天谕神示，我绝不会忘记它，它成了我判断世界的最重要的方法，尤其是判断你自己的最重要的方法。你在我身上可以说是完全失败了。我童年时主要在吃饭时同你在一起，所以你给我上的课一大半是关于吃饭行为的课。凡是端上桌子的东西，都必须吃光，对伙食的好坏不可以说三道四——可你自己经常认为菜没法吃，称之为“饲料”，说那头“牲口”（指女厨师）把它给弄坏了。因为你不是由于特别饿就是由于特别喜爱某个菜而不管烫不烫，总是迅速地、大口大口地吃个精光，所以孩子们也必须快吃，饭桌旁笼罩着阴沉沉的寂静，只有一些训诫不时打破这种寂静。……必须当心别让残食落在地上，但你的脚下却落得最多。坐在饭桌旁只可以一门心思地吃饭，但你却可以修剪指甲，削铅笔，用牙签挖耳朵。父亲，请别误解我的意思，这些本来完全不足称道的小事，只是由于这个对我来说具有极大权威的人自己并不遵守他给我规定的条条，这些小事才给我造成心理

阴影。（《致父亲》）

深深吸引我的事情一定是无法使你动心的，反之亦然；在你那里是无咎可指的事，在我这儿就是罪孩，反之亦然；在你那儿毫无后果的事情，对我来说也许就是我的棺材盖。（《致父亲》）

像要求别人一样要求自己是一件很难的事情，尤其是当双方的实力和地位并不对等的时候。在家庭生活中，父母决不能手中拿着两把尺子衡量事物，一把测自己，一把测孩子，而应当做到一视同仁，把自己和孩子放在平等的位置上。

私人订制

真正的教育和家庭教育之间的根本区别是，前者是人类的事业，而后者是家庭的事业。在人类中，每一个人都有一席之地，或至少有以自己的方式走向末日的可能；在父母搂在怀里的家庭中却只有几个确定的人有一席之地，他们必须符合一定的要求，此外还必须符合父母的命令。如果他们不能符合，他们将不是被驱逐出去（要能那样倒是很好，但却是不可能的，因为他们是一个生物结构的组成部分），而是遭到咒骂或折磨，或两者兼而有之。（《致艾莉·赫尔曼》）

家庭教育更像是一种“私人订制”，培养的是父母心目中理想的乖孩子。但孩子是家庭的，更是社会的。所以，父母在教育孩子的时候，要具有全局意识和长远眼光，为孩子未来能更好地融入社会，独立成长而努力。

爱就要放手

迄今为止，我是在缺乏自主、格外舒适的环境中成长起来的。你不认为这个环境对我的个性磨炼不利吗？尽管那些关心我的人无不对我的环境称心满意。当然，有一些人到处注意保护自己的自主权利。但是，我并不属于这一种人。诚然，也有一些人从不失去自己的依赖性。……我比自己的外表更加年轻。缺乏自主的唯一好处在于常葆青春。但是，只有当结束依赖的时候，才会获得新生。（《致尤丽叶和赫尔曼·卡夫卡》）

父母无微不至的关爱，对孩子是一种保护，也会成为一种伤害。因为，孩子最终要从家庭走向社会，父母无法为孩子遮风挡雨一辈子；而且，人生的伤痛和欢乐，必须亲自经历才会有所感悟，这些都是父母无法替代的。

真正的爱需要适时放手，独自面对风雨，孩子才会更加坚强。

父母的自私

父母的自私——这是真正的父母感情——是没有边际的。在教育意义上父母最大的爱也比花钱请的教育者的最小的爱更自私。这是必然的。父母并非是自由地面对孩子们，不像一个成人对一个孩子的那种关系，孩子毕竟是自己的骨肉——更复杂的是，那是父母双方的骨肉。比如当一个父亲“进行教育”时（母亲也同样），他会在孩子身上找到他自己身上的毛病，那正是他所恨却又无法消除的。现在他肯定希望能消除它，因为他自信对这个孱弱的孩子的控制力量比对他自己的强，于是，他不等孩子长大成人，就狂暴地对准孩子插下手去。或者，比方说他震惊地发现，他一度视为自己的出色方面、并认为是家庭中（家庭中！）不可缺少的因素居然在孩子身上不存在，于是，他便开始使劲地把这个因素敲进孩子的脑袋里去，他确实成功了，但同时却失败了，因为他这么一来也把孩子打得粉碎。……或者，比方说他在孩子身上发现了他身上所有的、为他所爱或渴望他自己能有的、认为是家庭必不可少的因素，那么孩子身上出现的其他因素于他全然无足轻重了，他在孩子身上只看到他所爱的方面，他迷恋于他之所爱，卑躬屈膝地甘愿为仆为奴，他用爱磨损着孩子。

这是父母从自私自利生出的两种教育方法，各种层次一应俱全的暴君相和奴才相。暴君相可以表现得非常温柔，（“你必须相信我，因为我是你的母亲！”）而奴才相可以表现得非常骄傲。（“你是我的儿子，因此我要把你造就成我的救星。”）但这是两种可怕的教育方法，两种反教育法，只能用来把孩子重新踩回他所钻出来的地底下去。（《致艾莉·赫尔曼》）

孩子有自己的人生，不要把孩子看成另一个自己。不要做暴君，也不要做奴才，真正的教育，是要按照孩子的性格特点把孩子教育成一个合格的社会人，而不是家庭的私有财产。

第三章

生活与处世

卡夫卡不是生活交际的能手，他羞涩腼腆，但深谙生活的艺术；卡夫卡更不是处世的典范，他只是以一颗善良的心对待所有相逢的人。他坚持善良温和地对待他人；他认为朋友之间的友谊体现在日常点点滴滴的友爱和互助之中；他采取委婉的方式赠人礼物，以免使别人难堪；他认为语言是人类灵魂的声音，因此，在言谈中应该避免咒骂；他还认为，忍耐是我们与世界和平相处的最佳方式。

虽然卡夫卡性格内向，不善言谈，但他平和、温婉、细腻、耐心、善良的心态，却像一杯香茗，沁人心脾，熏染心府。

平凡的友谊

利用每年夏天或秋天的短期休假作一次共同的旅行，这已经成了罗伯特、萨穆埃尔、马克斯和弗兰茨这四位朋友的习惯了。在通常的年代里，他们的友谊绝大部分表现在每个星期的晚上，他们四人聚集在一起，绝大多数是在萨穆埃尔那里。他是最富有者，拥有一间较大的房间。他们在一起互相讲述各种不同的事情，也有节制地喝些啤酒。他们有时候聊至深夜，分手时也聊不完。因为罗伯特是一个团体的秘书，萨穆埃尔是一家商业办公室雇员，马克斯是一个团体的秘书，弗兰茨是一家银行的职员，他们每一个都要迫不及待地讲述一个星期中他们的职业所经历的几乎所有的一切事情。但他们在一起首先出现的是这些职业的不同之处，每一个人都不得不向其他人一再描述他自己的职业，而这些描述总不能被其他人从根本上理解。他们只是些懦弱之人，但正因为如此，出于美好的友情，这些描述总一再地受到欢迎。

（《日记》）

坦率一些！你什么时候还能像今天这样，在一个愿意听你说话的知心朋友陪伴下畅饮啤酒呢？（《笔记本和散页中的断简残篇》）

一个愿意开心地听你讲他并不懂的事情，愿意陪你走过最平凡的日子的人，才是你真正的朋友。一切真挚的感情都来自一个又一个平淡无奇的日子。

真正的友谊是心灵的契合

他那自己也没有认识到的原则是：比如说，在朋友身上人们感到敬佩的东西，其实并不是在朋友身上感到的，而是在每一个同时代人身上都可以感到的，因此友谊必须在所有区别下面的深处开始。（《笔记本和散页中的断简残篇》）

朋友之间的交往，大概有三个阶段：相识、判断、托付。判断，是灵魂的较量，是对朋友独特性的寻觅，是对朋友与自我内心深处契合度的审视。表面的朋友很多，内心的朋友很少，可以托付一生的朋友更少。所以，用心去寻觅，得三两知己，实乃人生乐事。

真实的自己

“我就是这样的人，他也正应该这样来认识我。”他自言自语地说，“我无法把自己变成另外一个人，这种人也许比我更适宜承担同他的友谊。”（《不幸》）

莎士比亚说：“我再也不套着面具访问我的恋人。”（《爱的徒劳》）在恋人面前，我们要呈现本真的自我，在朋友面前也是一样。真正的朋友之间的交往是心灵的契合，我们可以在表面上装腔作势，但无法欺骗彼此的内心。

以朋友的方式对待朋友

亲爱的埃尔莎太太，如果我们想谈谈马克斯的情况，我们必须首先在同一个层次，只有作为马克斯的朋友才能相互谈话，只能作为朋友交谈，其他的一切放在外面……但是我们作为朋友，既不是他的医生，也不是他的老师，也不是他的法官，而只是他身旁喜欢他的人。我认为，作为这样的人，我们，如果作为整体的话，不可以通过建议、耳语、暗示来影响他，而只能通过直接产生的结果，通过我们的生活，通过爱情、善意、克制和友谊，才能影响他。（《致埃尔莎·勃罗德》）

法官只有在法庭上才是法官，在朋友面前只是一个普通人。在朋友面前，我们剥离职业的高低、财产的多寡，而仅仅以朋友的身份站立在朋友面前。我们彼此交心、互相影响，我们以友谊为桥梁，通达对方。

以善意待人

您刚才说，您的天性迫使您以这种方式跟我说话。真是这样吗？您的天性迫使您这样做吗？有这样的天性，真好。您的天性也就是我的天性，如果我生来就友好地对待您，那您也应该友好地对待我。（《不幸》）

人人皆应以本性待人行事。明代思想家王阳明主张：人人皆有良知；良知即本性；佛家亦云，草木山河、行走坐卧，皆有佛性，佛性即本性。我们以良知、以佛性待人，收获的必是友谊的果实和情感的花朵。

心怀慈悲

我们像林中迷路的孩子一样孤独。当你站在我面前看着我时，你知道什么是我心中的痛苦，而我又知道什么是你的痛苦呢？假如我跪倒在你面前，哭着倾诉，你又能了解多少我的情况呢？无非就像某人向你倾诉地狱里是酷热、可怕的时候，你从中所获得的对地狱的了解一样。仅为此缘故，我们面对面站立时就应该互相敬畏，互相思虑，互相挚爱，就像站在地狱入口处那样。（《致奥斯卡·波拉克》）

俗话说“兔死狐悲，物伤其类”。奥地利诗人里尔克也在诗作《沉重的时刻》中写道：“此刻有谁在世上的某处哭，无缘无故地在世上哭，在哭我。此刻有谁在夜里的某处笑，无缘无故地在夜里笑，在笑我。此刻有谁在世上的某处走，无缘无故地在世上走，走向我。此刻有谁在世上的某处死，无缘无故地在世上死，望着我。”

我们每一个人都是如此的脆弱。要想穿越满是荆棘的人生旅途，就必须心怀慈悲，对自己，也对同行的陌生人。

保持谦卑

谦卑给予每个人，包括孤独的绝望者以最坚固的人际关系，而且立即生效，当然唯一的前提是，谦卑必须是彻底而持久的。谦卑之所以能够这样，是因为它是真正的祈祷语言，同时是崇拜和最牢固的联系。人际关系是祈祷关系，与自己的关系是进取关系；从祈祷中汲取进取的力量。（《对罪愆、苦难、希望和真正的道路的观察》）

谦卑，意为不自高自大。《圣经·雅歌》中说："神赐恩给谦卑的人；"《圣经·路加福音》云："凡自卑的必升为高。"在神和人面前，保持谦卑的态度，把自己献于神和人，才能投入神和人的怀抱，才能升为高。在谦卑的路上，心怀善念，向神祈祷，为人祈祷，是至上的福德。此种福德，能促进自我的成长。为神圣的理念、为有益于他人而活，是一种积极的自我进取。

美好的情感

星期一，我在街上抓住一个男孩的脖子，他和别人将一只大球朝一位没有防备的、在他们前面走路的女仆身上抛去，这只球正好从姑娘的身后飞过。我怒不可遏地扼住他的脖子，把他推到一边，臭骂了他一顿，然后继续走路，但完全看不见那位姑娘了。人们完全忘了她凡世的存在，因为人们如此完全地被愤怒充塞，并可以相信，人们有时候同样被更为美好的感情充塞得满满的。（《日记》）

扶起倒地的孩子，给陌生人一个微笑，爱就会传递。小小的善意，播撒着爱和希望的种子。

朋友之间的善意

可是它却使我非常激动，我感到十分难过，因为我高大的身材让他感到不快，他走在我的身旁兴许会显得太矮小。这种高矮悬殊的情况一直折磨着我，尽管已是夜里，路上几乎遇不到任何行人。为了摆脱这种痛苦，我尽量弯下腰来，让双手在走的时候碰到膝盖。可是，为了不使我的朋友察觉到我的意图，我非常缓慢地改变自己的姿势，试图通过谈论射手之岛的树木以及桥上的灯在河里的倒影，分散他对我的注意力。可是他把自己的脸猛地转向我，并且宽宏大量地说道："您干吗要这样走路？您现在完全弯下了腰，几乎和我一样地矮小！"由于他的话充满善意，我便回答道："可能是这样。不过我喜欢这种姿势。您知道，我的身体有些虚弱，笔挺地走路对我来说非常困难。"（《一次战斗纪实》）

朋友间的友谊，体现在为彼此的考虑之中，甚至不惜牺牲自己。

馈赠的艺术

“卡夫卡博士是个很正派的先生。他跟别的人完全不一样。这从他怎样给别人东西上就能看出来。别的人把东西塞到你手里，那东西仿佛刺你一样。他们不是给，而是贬低你，侮辱你。有时，我真想把小费扔掉。而卡夫卡给人东西时总让人高兴。比如说他上午没有吃完的葡萄。别的人吃剩的东西是什么样子，我们知道。卡夫卡则不同，他总是把葡萄和其他水果整理得好好的，放在一个盘子里。我走进办公室时，他只是那么随便说一句，说我也许用得着这些水果。可不是吗，卡夫卡待我不像老清洁工，他是个很正派的先生。”斯皮瓦克太太说得不错，卡夫卡掌握馈赠的艺术。他从来不说：“您把这东西拿去吧，我送给您。”他给我一本书或一本杂志时，总是只说这么一句：“您不用再还我了。”（古斯塔夫·雅诺施《谈话录》）

心地善良的人，多存施恩于人之心，即执念于我要帮助他人。既存此心，便注重积累功德，故难免对受施者予以无意或有意的轻慢。施予本来是一件好事，却常常因一心、一时、一地之失，留下不完美的瑕疵。因此，即使是在帮助他人，也要以平等的态度、平常的心态对待。

谋杀仁慈

他说："咒骂是可怕的东西。……每一句骂人的话都是对人类最大的发明——语言的破坏。谁骂人，谁就在辱骂灵魂。咒骂就是谋杀仁慈，但一个不会正确斟酌字句的人也会犯这种谋杀行为，因为说话就是斟酌并明确地加以区分。话语是生与死之间的抉择。"（古斯塔夫·雅诺施《谈话录》）

一个人的语言习惯反应他的思维习惯和生活习惯。当你用粗俗不堪的语言咒骂他人时，也是在侮辱自己的灵魂和尊严。

演讲的艺术

拿破仑在埃尔福特的宫廷宴会上讲道:“当我还仅仅是第五军团中尉的时候……(王族成员眼看先后走进来,拿破仑发现,并纠正了自己),当我还有幸,仅仅是个中尉……由于稍稍地与别人一同感觉到的、不自然地侵入到我身内的骄傲,我脖子上的血管膨胀起来。”(《日记》)

拿破仑掌握了演讲的最高技巧:在演讲中,取得对方支持的最好方法就是讨好倾听者。

交谈的艺术

人们要达到一次良好的交谈，必须认真地用手更为深入地、轻轻地、懒洋洋地推进要商谈的题目，然后将它举到令人吃惊的高度。否则人们就折断自己的手指，除了痛苦，便什么也不去想。（《日记》）

人们更愿意谈论他们觉得十分重要的问题。将一个问题举到令人吃惊的高度，才能引起大家的关注。

听众只关心自己

人们在机关里超时超量地工作，结果却疲劳过了头，连自己的假期也不能好好享受了。但是，不管人们怎样卖力地工作，还是无望得到所有人的以爱相待，反倒愈加孤独，完全成了陌生人，只成了人家好奇的对象。只要你讲的时候不用“我”而用“人们”，那就什么事也不会发生，你尽可把这故事讲完，但是，只要你承认这里讲的就是你自己，人家马上就会瞪着眼睛把你看穿，你就会感到恐惧。（《乡村婚事》）

人们往往会对和自己相关的事情表现出更大的关心。所以，当你谈论的事情和倾听者有一定关系的时候，别人才乐于参与其中；反之，没有人有义务倾听只和你自己有关的故事。

转圜的艺术

“可是我们大家意见完全一致了，老师，”弗丽达说，“我们答应做这个工作。”“好，”教员说，“可是这个工作是给土地测量员先生的。他本人必须表明态度。”弗丽达过来帮K。“当然，”她说，“他答应做这个工作，难道不是吗，K？”这样，K就可以把他的表态压缩到只剩一个“是”字，甚至还不必对教员，而是对弗丽达说话。（《城堡》）

人生需要转圜。有时候，是居中转圜，比如，帮助两个争吵的朋友和解，用婉转的语言降低矛盾的尖锐程度；有时候，是自我内心的转圜，例如，唐朝诗人王维在《终南别业》中写道：“行到水穷处，坐看云起时”，强调的是“山重水复疑无路，柳暗花明又一村”（南宋·陆游《游山西村》）的内在转圜。转圜，是生活的回旋。

请勿说谎

因为说谎是一种艺术，如同其他任何一种艺术一样，他要求人使出全部力量。人们必须完全献身于它，必须自己先相信它，才能用它说服别人。说谎需要火一样的热情。这样，它披露的东西比掩盖的还要多。（古斯塔夫·雅诺施《谈话录》）

说谎需要人付出全部的力量，因为，你常常要为圆一个谎言而说一千个谎。如此一来，你便陷入不能自拔的谎言循环中，不知不觉地，你披露的东西，将比你掩盖的东西还要多。

不说谎的伟大

人们尽可能少说谎，仅仅由于人们尽可能少说谎，而不是由于说谎的机会尽可能的少。（《对罪愆、苦难、希望和真正的道路的观察》）

不说谎的伟大在于，即使说谎的机会成千上万，而人们仍然选择诚实；善良人的伟业不在于他有很多机会做好事并力行好事，而是他有很多机会做坏事，但他仍然选择做好事。

与善听者言

“如果人家没有良好的意愿，我是无法为自己辩护的。”卡尔暗自思忖，不再回答总管的提问，尽管特蕾泽会因此而感到很痛苦。他知道，他所说的话，到头来全都会变得面目全非，会和本意完全不一样，是好是坏，这全看你怎么判断了。（《失踪者》）

再善意的言辞也无法打动一个固执己见的人，所以，与善听者言，与不善听者默！

不要以自己的好恶评价他人

这位小妇人对我很不满意，她总是动不动就批评我，她总是由于我的缘故而受冤屈，我处处使她生气；如果我能把生命分成若干极小的部分，并对每个小部分分别进行评价的话，那么我生命的任何极小的部分对她肯定是一种烦扰。我常常在想，我为何使她如此生气；也许是我身上的一切不符合她的美感和习惯，与她的正义感和习俗有矛盾。世上有如此相互矛盾的天性，可是她为何不能容忍我的天性呢？（《小妇人》）

我们每个人都不是完美的，因此，我们无权因为对方的不完美而责怪对方，更不能以自己的好恶去评价别人。

只有上帝才有资格责备人类，因为，只有上帝才是完美的。

不要轻易责怪别人

我们得首先对阿玛莉娅受的是什么样的苦心里有一点谱，才有资格责怪她。（《城堡》）

当然也有可能是我错了，有可能恰恰是你不愿说出的那些情况说明你正确。（《城堡》）

如果你不能原谅我，但请你理解我。我们往往擅长于长时间地去责备他人，而吝啬于用一刻钟时间去理解对方。理解对方后，也许，我们就会发觉，我们根本没有责备对方的权利。理解之后再出口，切勿在了解情况之前就伤害了别人。

切勿得理不饶人

因为如果有人向我说了一种真情实况，我觉得这是狂妄。他教训我，贬低我，预料我提出反证有困难，而他自己不会有什么危险，因为他肯定地认为他的真理无懈可击。如果对某人说有偏见的话，那是多么讲究礼节、心直口快和令人感动，如果申述理由，甚至再三为偏见提供论据，那就更令人感动了。（《致马克斯·勃罗德》）

面对一个哑口无言、而且已经羞愧难当的辩论者时，继续往自己的论点上添加多余的证据，未必明智。适时后退，给别人留有余地，不论是言语上，还是做事上，都是一种自我保护的智慧。

开玩笑要适度

你也不能忘了，玩笑和严肃本身虽是易于区分的，但对那些能决定自己生活的重要人物来说，这便不那么容易了。这里确实存在着很大的风险，人们的眼睛会因此变成显微镜似的。（《致密伦娜情书》）

敢于和自己的上司随便开玩笑的人并不多，但是，面对亲人和朋友，我们开起玩笑就不那么严肃了。别人的痛处、短处，甚至是不可告人处，都被我们轻易地当成笑料。

适度的玩笑，可以成为平淡生活的调味剂；过分的玩笑，则可能成为破坏生活的导火索。

不要捅别人的痛处

“您说得对，”老板娘说完低下头去，“但是请您不要捅我的痛处。我不比别人更敏感，而是相反，每个人都有自己的敏感部位，我只有这一个敏感部位。”（《城堡》）

再平和的人，内心也有无法碰触的底线，即使用最柔和的语言去碰触，也是不被允许的。比如，一场争吵、一次失败的情感、一件不想被重新提起的旧事。每个人都有脆弱如孩子的一面，需要用心守护。所以，如果你不想伤害他人，就不要去碰触他们的痛处。

己所不欲，勿施于人

也许有人会说："你抱怨你的同胞，责怪他们在重大问题上保持沉默；你声称他们知道的要比他们承认的以及想在生活中承认的要多得多；而这种隐瞒——对其原因和秘密，他们当然也会守口如瓶——毒化了生活，使你不堪忍受，你不得不改变或放弃这种生活。"这有可能，但你毕竟是一条狗，而且懂得狗的知识，那就把它说出来，谁会反对你呢？所有的狗组成的大合唱队将开始演唱，仿佛它期待已久。于是你将如愿以偿，不仅弄清了事实真相，而且获得了承认。你在背后大加诅咒的这种卑鄙的生活的屋顶将会打开，我们所有的狗将会一条条地升上自由的天空。

即使这最后一点也不能实现，即使情况比以前更糟，即使完整的真理比不完整的真理更不堪忍受，即使事实证明沉默者作为生活的维护者是合情合理的，即使我们现存的一线希望变成彻底的绝望，努力把话说出来总是值得的，因为你不想再过你目前可以过的生活。现在的问题只是，你为何指责别的狗沉默寡言，而自己却一言不

发呢？（《一条狗的研究》）

《论语》有言：“己所不欲，勿施于人。”当我们指责别人对真相沉默时，为什么我们自己不亲自把真相说出来呢？

公正的暴力

只对我一个人适用的公正是暴力准则，是不公。（古斯塔夫·雅诺施《谈话录》）

当所有的旁观者都把刀子藏在背后，而异口同声地谴责别人拿刀子的时候，这是多么巨大的讽刺啊！但在生活中，我们往往会持“双重标准”来对待自我和他人，精于“严以待人，宽于律己”。对别人是正直的君子，对自己是伪善的信徒，这是道德的骑墙。

待人如人待己

于是她马上朝着卡尔喊道:“您能不能到那边的赛马场去问一问,招聘在哪儿进行呀?”

“能,”卡尔说,“可是我得越过平台,从天使们之间穿过去。”

“这有那么困难吗?”那女人问。

她觉得这几步路对卡尔来说轻而易举,可是她却不愿意派她的丈夫去问。(《失踪者》)

显然,故事中的女人并没有用疼爱自己丈夫的方式善待卡尔,而卡尔也没有用与妻子交谈的方式和她说话。虽然,我们知道“以德报怨”是一种美德,但在生活中,更多的人会选择用别人对待自己的方式来对待他人。别人如何对待你,你就如何对待他。

报友善以慈爱,报怨恨以离别,主动去拥抱爱、弃绝恶,才能远离伤害。

不要用别人的错误惩罚自己

他把自己的身体紧贴在墙上，只有头能在空隙中自由活动。“您别生气——您干吗要生那些不属于您的事情的气呢。每当我举止笨拙时，我就会生气；但是，若是别人行为不良，我会感到高兴。所以，要是我说，我生活的目的就是被人们注视，您也不必为此生气。”（《和祈祷者谈话》）

用别人的错误来惩罚自己，就好比“用别人的钥匙把自己锁在屋内”（卡夫卡《致密伦娜情书》），是一种非常不理智的行为。做好自己，才是我们生活的核心目的。

不要把自己的快乐建立在别人的痛苦之上

喧闹声将我从睡眠中惊醒，使我头脑一片混沌。不然这儿是很美的，森林、河流与花园美极了。有副耳塞，至少起点安慰作用；将它塞入耳内，今早虽未能挡住一名农家小伙子礼拜日吹出的圆号声，但也促使他最终停止了演奏。为什么一个人的欢娱每每总得干扰另一个人的欢悦呢？……而我则端坐于大房间，为一多口之家的快乐而受罪。那家人几乎是在我窗下翻晒干草，他们制造着无恶意的噪声。（《致罗伯特·克罗普施托克》）

用别人的痛苦来累积自己的幸福，就犹如一个窃贼，溜进别人的家中，把他人的财富窃为已有。这样的快乐是难以长久的。

不要强迫别人

那些喜欢太阳并向其他人要求欢乐的人就像是喝醉酒的人，他们夜里从参加的婚礼出来，逼着朝他们走过来的人为不认识的新娘祝福干杯。（《日记》）

勉强做出的微笑，不能感染人；只有用心发出的微笑，才能像微风一样，轻抚心灵的水面。真心的微笑，是强迫不来的。

悲伤只属于自己

我们告辞时，卡夫卡博士突然用道歉的口吻对我说：“您别去想我对您说的话。”

我没有想到他会这么说。……所以我犹豫地问他：“为什么？您说这些话可是很认真的。”

他露出一丝笑容，“正因为这个缘故。我的严肃认真会像毒药一样，对您产生作用。您还年轻。”

这话伤了我的心。我说：“年轻可不是缺陷。因此，我一直能思想。”

“我看，我们今天真的不能互相理解了。不过这很好。误解能保护您，不受我的坏的悲观主义的影响，这种悲观主义是一种罪过。”（古斯塔夫·雅诺施《谈话录》）

如果我们帮不了什么忙，我们就只能沉默。谁也不允许用自己的绝望去恶化病人的状况。（古斯塔夫·雅诺施《谈话录》）

一个人的语言和情绪很容易影响到其他人。或许我们可以用自己的快乐感染他人，但绝对是没有权利用自己的悲伤笼罩他人的。俗话说“读坏书，不如不读；与恶人言，不如不言”，如果我们整天沉浸在悲伤之中，就不能怪他人不愿意与我们做朋友了。

可爱的小缺点

令人遗憾的是，我有个坏习惯，每当我谈得有些兴奋时——这很快就会发生，而且在这间病室里，比平时发生得还要早——便站了起来，而且边说边来回走动。在自己的办公室里，这无疑是一种相当好的习惯，可是在别人的住宅里，这样做未免令人讨厌。可是，我无法控制住自己，尤其是当我缺少习以为常的香烟的时候。唉，每个人都有自己的坏习惯。（《一条狗的研究》）

如果要在完美无瑕的人和有小缺点的人之间选择一个做朋友的话，相信大多数人都会选择后者。因为完美无瑕的人太有距离感，只适合仰视，而不适合做朋友。有小缺点的人才会让人感觉更加真实而亲切。

我们并不完美

总的来说，他是一个不错的人。性格中永远有一点令人不舒服的地方，如果长时间观察就会发现，正因如此，才形成了他完整的性格。（《致菲利斯情书》）

我们大家都自觉不是完人，更何况在别人眼中呢。（《致菲利斯的母亲——安娜·鲍威尔夫人》）

“一个人往往因为有一点小小的缺点，更显出他的可爱。”（英国·莎士比亚《量罪记》）没有人是完美的。如果你总盯着别人的缺点看，你就只能看到世界的不完美；如果你尝试发现别人的优点，你就会感叹生活的美好与可爱。

不要以偏概全

对我来说，此种罪孽不过是生活洪流（我在上面行走，如果不被淹死，便感到高兴）中的一个水滴而已。它被突出强调，在我看来与下述情形无异，就好像某人研究伦敦的废水，结果在废水中发现了唯一一只死老鼠，于是便据此得出结论，说“伦敦一定是座极令人作呕的城市”。（《致罗伯特·克罗普施托克》）

在人与人的交往中，我们往往容易吹毛求疵，发现别人的一个小缺点，便认为对方一无是处。其实，不是别人不完美，而是我们自己的内心有缺陷。

交往要扬长避短

如果能做到扬长避短，利用他们本性中友好的一面，避开那敌对的一面——当然，为达此目的，不仅需要比灵巧更多的功夫，大概甚至还需要他们自己的帮助和合作，舍此别无他法——那么他们就不再是障碍，就不会拖K的后腿，如K迄今为止一再碰上的那样，那时他们就会成为他的后盾了。（《城堡》）

每个人都不是完美的，在与他人交往的过程中，要善于扬他人所长，避他人所短。如果对方慢热，你就要放慢自己的速度；如果对方缺乏主见，你就要循循善诱，加以引导和规劝。扬长避短，才能顺水行舟，和谐相处。

用发展的眼光看待他人

由于对K的这一矛盾态度，在汉斯心中逐渐生出一个信念，就是K目前虽然还地位低下，令人退避三舍，但将来——当然这个将来遥远得很，还在虚无缥缈中——将来他终归会出人头地的。正是这种虚无缥缈的远景，以及那种可以引为骄傲的、朝着这个方向的步步发展，对汉斯有很大的吸引力；想到将来那个K，为了那个K，他对现在这个K就认了。汉斯这个愿望，既是稚气未消又少年老成的，这表现在他以一种长辈看年轻人的姿态看K，觉得这个年轻人比“他自己”前途远大，可他不过还是一个小男孩。（《城堡》）

有道是“士别三日，即更刮目相待”（《三国志·吴志·吕蒙传》）。没有人是 成不变的，我们在结交朋友的时候，不仅要看对方现在的样子，更要看其未来发展的可能。与一个不断积极进取的人做朋友，自己也会拥有更好的未来。

感情需要经营

我在乡下很少同别人来往，许多重要的联系都断了。几位有影响的人物在这类情况下或许比我内行，但天长日久，我同他们的关系已经疏远。只是发生了眼下这样的紧急情况，我才意识到这样做的害处。（《诉讼》）

“交际是人生的幸福。”（英国·莎士比亚《暴风雨》）不论多么亲密的关系，离开了经常性的联系也会日渐疏远。亲情、友情、爱情，人与人之间的任何感情都需要细心地经营才能天长地久。

误会是会长大的

即使事情很小，只要有一点点误会也会让人不舒服，如果能够轻而易举地解决，就像这次一样，那就应该当机立断。（《诉讼》）

误会，是会慢慢长大的。小小的误会，犹如蔓延的杂草，不及时刈除，就会覆盖整个田园。在和他人的相处中，要注意及时消除每一个小小的误会，让每一个交往的时刻都空明澄净。不要坐等误会长大，否则，你会丧失整个田园。

友好的分手

我们不要互相怀着怨恨分手。（《乡村教师》）

如果一个人，如同我已经做过的那样，一旦向另一方表示了彻底分手的意向，而且对方认为这样完全正确，那么那个人就得尽快处理完那尚需共同解决的不多的事务，不要漫无目的、一声不吭地坐在人家面前，惹人生厌。（《乡村教师》）

对于不受欢迎的接待，最好的方式是默默地转身且不怀怨恨地离开；对于双方议定的分手，最好的方式是互相握手而后平和地互道拜拜。

生活需要更高的追求

奇怪的是连最保守的人也能使自己的追求达到极致。（《笔记本和散页中的断简残篇》）

装饰艺术是一种训练方法，文明开化的人用这种方法向自己身上的类人猿进攻。（古斯塔夫·雅诺施《谈话录》）

莎士比亚说："不要讲什么需要不需要，最下贱的乞丐，也有他的最不值钱的多余之物，不让自然享有满足自然需要以外的东西，人的生活将和畜类一样卑贱。"（《李尔王》）所以，除了满足生活基本需要的必需品之外，人必须要有所追求，可以是对美食的追求，也可以是对漂亮衣服的追求，不论如何选择，都是对生活品质的向往和对自我灵魂的尊重。

房子与生活

街上吵闹得很，斜对面也在大兴土木，正对面不是俄国教堂，而是一些塞满了人家的住宅。尽管如此——单独住一间房子也许是生活的一个前提，单独住一套房子——准确地说：暂时地——是幸福的一个前提。（《致密伦娜情书》）

明《增广贤文》云："广厦万间睡眠不足五尺，良田千顷日食不过三餐。"拥有一个可以让自己独处的空间确实很重要，但当我们拥有了这样的空间的时候，懂得适可而止、知足常乐就显得更加重要了。

做自己喜欢的事

对于我的写作和我与写作的关系，您一定会有不同的看法，不会再劝我要注意“适度”吧。“适度”已经给人造成了足够的弱点。难道我在我这唯一拥有的一小块土地上还不能使出我全身的力量吗？如果我连这点都做不到，那我就是一个无可救药的傻瓜！我的写作可能一事无成，那么我也肯定毫无疑问的什么都不是。如果在这一点上我爱惜自己，那么我——正确地说——根本就不爱惜自己，而是摧残自己。（《致菲利斯情书》）

当你愿意为一件事情牺牲休息和娱乐的时间，乐此不疲，甚至不在乎结果如何，更享受付出的快乐的时候，你就找到了你真正喜欢的事情。如果这件事恰好是你擅长的，那就更加幸运了。

要有真才实学

如果一种不正常的、它本身包含着贫乏的、与纯粹不安的存在有着必不可少的联系的心态，突然促成了一件暂时有局限的、因而必然是强而有力的工作的话，促成自身发展的话，促成发表意见的话，那么就只有一种苦涩的回报。在这个回报里，一种由于只是用所有不是训练有素的力量去承受的获取而产生的骄傲，一种对突然逃逸的学识——因为这学识与其说是固有的还不如说是预感的，所以它特别容易激动——的小小的回顾，最后是四周的仇恨和钦佩，全都混杂在一起了。（《日记》）

用泥土塑成的身躯，在阳光的暴晒下变得坚硬，同样可以支撑一片小小的天地，只是当大雨倾盆而至的时候，它们便会瓦解崩塌。

没有真才实学的人也是如此，他们站在某种机缘巧合的舞台上高谈阔论，但当人们识破了他们的空虚之后，他们便只能自己作自己的听客了。

坚持原则

亲爱的外甥！正如你在我们的可惜太短暂的共同生活的过程中想必已经认识到的那样，我是一个讲原则的人。这不仅令我周围的人，而且也令我感到很不愉快、很难过，但是我之所以成为我，这一切都应该归根于我的原则，谁也不可以要求我自毁根基，谁也不可以。（《失踪者》）

人与人的本质区别不是外在的衣食住行，而是内在为人处世的信念和原则。坚持原则就是坚持自我。

理解是最好的动力

我父亲说，卡夫卡曾经几次对他这样说："倘若没有每个人都因理解而自愿服从的真理，那么每种秩序都只是粗野的暴力，都是迟早要在真理需求的压力下四分五裂的笼子。"（古斯塔夫·雅诺施《谈话录》）

从心中发出的力量才持久。交谈、辩论、批评，其目的不在于用话语的力量压制人，而是使人通过话语理解事情的本质和缘由，从而产生自觉遵从的力量。一个明白道理的人，无须督促，也会走在正确的方向上。

还可以更好

我们论述一篇评述欧洲和平前景黯淡的报纸文章。

“合约最终达成了。”我说。

“没有最终的东西，”弗兰茨·卡夫卡说，“按照亚伯拉罕·林肯的观点，只要没有取得公正的解决，就不能说最终解决。”（古斯塔夫·雅诺施《谈话录》）

生活中的很多事情都可以有更好的解决办法，有更美好的结局，但问题在于，愿意为更美好的结局而努力的人太少。

生活的技巧

于是，卡尔便整宿整宿地躺在大寝室里他的床铺上，耳朵里塞着棉花，变换着各种各样的卧姿，埋头读书……他在做英语练习时不断向别的孩子讨教，直到他们感到疲倦，不去打搅他为止，从而成功地使别人的干扰往好的方面转变。（《失踪者》）

与人相处也是一门学问，掌握一些小技巧，才能做到既不伤害别人，又能实现自己的诉求。

生活不是件体面的事

从K这方面来说，他很清楚，如果自己过于逆来顺受，就会沦为男教师的奴仆和由他任意打骂的小厮，但是现在他愿意在一定的限度内忍受男教师的颐指气使，因为，虽然现在看来男教师没有合法的资格解雇他，但千方百计折磨他直至无以复加、非人所能忍受的地步，这个人却是完全做得出来的。……其实，这一切也不是什么大不了的痛苦，它们是生活中那一系列永无休止的细小烦恼的一部分，同K追求的目标相比，简直就算不上一回事，再说他也不是为了过体面、平静的生活才到这里来的啊。（《城堡》）

与生活死磕到底，是一种勇敢的生活态度，只是，很多人未必做得到。生活不是直线式的前进，有时候需要曲折迂回才能到达目的地，犹如尺蠖，适度地弯曲，才能前进。当我们到达终点时，就会发现，所有的忍耐都是人生不可或缺的财富。

耐心的力量

当我们一次在一个清朗的秋日下午，慢慢走过落满秋叶的园子时，卡夫卡博士对我说：“耐心是应付任何情况的巧妙办法。人们必须和一切事物一起共振，热衷于一切事物，同时又必须平静耐心。不能弯曲，不能折裂。只能克服，始于自我克服的克服。人们不能逃避这一点。逃避这条轨道就是崩溃。人们必须耐心地吸收一切，耐心地成长。胆怯的自我的界限只有用爱才能突破。人们必须在我们周围沙沙作响的枯萎死亡的树叶背后看见幼嫩鲜亮的春绿，耐心等待。耐心是实现一切梦想的唯一的、真正的基础。”

这是卡夫卡博士的生活准则。（古斯塔夫·雅诺施《谈话录》）

耐心背后蕴含着持续的生长力量。一粒种子，在黑暗的泥土中，萌蘖、生根、成长。它默默地吮吸水分，吸纳养料，积蓄成长的能量。耐心，是黑暗中的不懈努力，是“十年磨一剑”的厚积薄发。我们要把希望寄寓在奋斗着的生活中，并耐心等待成功的到来。

独处的魅力

独处的时候有一种永远也不会失灵的超越自己的力量。我内心的东西跑出来了（暂时只是表面的），我准备将更深的东西挖掘出来。我内心中一种小小的秩序开始形成，我不再需要什么，因为杂乱无章伴随着平庸之才乃是最可恨的东西。（《日记》）

独处，是给自己一次安静沉思的机会，是对自我的重新建构。人在沉思中，最容易接近自我。他在反复中追索灵魂，剔除恶、积蓄善，剥离表面的浮华、沉淀具有生命价值的东西。经过独处，人学会过滤，留下纯净的、自己所渴望的自己。

第一判断总是不可靠的

人们还是得牢牢记住，第一个判断总是不可靠的，人们不可以因此而使自己所有今后的判断陷于混乱之中，如果人们想凭借着它们的帮助在这里继续生活下去的话。（《失踪者》）

第一判断往往靠的是感觉而不是理智，因此，第一判断常常是不太可靠的。未经理性检验的判断，不能作为生活的信念和准则。

用理智考验热情

我告诉卡夫卡，我父亲不同意我学音乐。

“您乖乖地服从吗？”他问。

“哪里！”我答道，“我有自己的头脑。”

卡夫卡很严肃地看着我。“通过自己的头脑最容易失去自己的头脑，”他说，“我这样说，并不是反对您学音乐。正好相反！只有经受理智考验的热情才有力度和深度。”（古斯塔夫·雅诺施《谈话录》）

人对自己进行判断时，基于热情，往往不够客观。此刻，一颗理智的头脑，才适合做评判的标尺。

抓住灵感

如果有什么出色的事情竟然走到你的脑子里的话，那么过了一夜它又会离你而去的。（《日记》）

灵感是位很高傲的客人，如果第一次光临的时候没有受到很好的接待，它就不会再来第二次了。瞬息的灵感，是内在精神与外在努力碰撞的结果，然而，它却如昙花般易于消散。所以，当灵感光顾的时候，抓住它，人生或许就会大不同。

切勿急躁冒进

如果一件事已经深思熟虑了很久很久，那么即使考虑还没有完结也会出现这种情形：在某个事先无法预见事后无法找到的地方会闪电般地突然冒出一个解决办法，这办法虽说多半是正确地了结了那件事，但无论如何总带有一定的随意性。（《城堡》）

所有人类的错误无非是无耐心，是过于匆忙地将按部就班的程序打乱，是用似是而非的桩子把似是而非的事物圈起来。（《对罪愆、苦难、希望和真正的道路的观察》）

《礼记·经解》云：“君子慎始，差若毫厘，谬以千里。”人在做决定的时候，切勿急躁冒进，而需“三思而后行”（《论语·公冶长》）。方向错了，一个人努力越多，离成功就越远。

择必有“止”

情况是这样的，当时让我在两个房间里挑一间，一间设备齐全，有一张较窄的床，另一间除了这张大床外只有一个盥洗台。我挑了有大床的房间，卧室嘛，床总是最主要的啦！哎哟，谁要是有福气能伸直手脚舒舒服服睡个好觉，那么对于这样一个睡得香的人来说，躺在这张床上简直就赛过神仙。（《城堡》）

《大学》云：“大学之道，在明明德，在亲民，在止于至善。知止而后有定，定而后能静，静而后能安，安而后能虑，虑而后能得。”所谓“知止而后有定”，意思是说，知道了人生的目的之后，才能选择正确的方向。选择方向在明确目的之后。人才，用于治国，择贤；卧室，用于休息，择静。择必有“止”，方可不失。

分清主要和次要

等他带着剧烈的头痛回到银行时，却获悉别人已经决定让他第二天去陪意大利客人。拒绝这一次任务的愿望十分强烈，尤其是他应该干的事与业务丝毫没有联系，这只是对一位外国同行应尽的社交义务而已。诚然，这项义务十分重要，但K觉得对自己无关大局，因为他知道，他只有在工作中做出成绩才能保住自己在银行里的位置，工作做不好，即使意大利人发现他是一位极其出色的陪同，也毫无意义。（《诉讼》）

每天清晨醒来，睁开眼睛，我们知道有很多的事情等着我们去做。我们被琐事绑架着前行。其实，我们完全可以将生活简化。生活并不要求我们做好每一件事，也不要求我们事事完美，只要我们做好了主要的事情，就是最大的成功。

因小失大

新年过后，一个年轻人毫不犹豫地租下了我隔壁那套面积很小且空着的住房，而我却傻头傻脑地，迟迟没有把它租下来。它也是由一个接待室和一间办公室组成，此外还有一间厨房。——本来，正室和前室对我是很有用处的——我的两位秘书小姐有时候已经感到负担过重——可是，那间厨房对我有什么用处呢？这个小题大做的顾虑，导致了我让其他人拿去这套住房的过错。（《邻居》）

因为玉石上一个芝麻粒般大小的瑕疵而丢失了一块美丽的玉石，是多么得不偿失的一件事情啊！

君子立恒志，小人恒立志

我忍受着头疼，就这样从一个坚决的决定到另一个同样坚决的、然而截然相反的决定。而所有这些决定都生气勃勃，都会迸发出希望的和一种令人满意的生活的火花，这种后果之令人困惑比起那些决定之令人困惑还要叫人气恼。我像子弹一般从一个决定飞向另一个，汇聚起来的激动来自我的斗争中的士兵、旁观者、子弹和将军，这种激动令我浑身颤抖。（《致海德维希·W》）

是的，已下了决心，但今天才下决心。其他的人只是很少时候下决心，然后在很长时间享受下决心后的愉快。我却是不停顿地下决心，次数之多，活像一个拳击师，只是我以后不会打拳击，这是实话。（《致海德维希·W》）

古语云：“君子立恒志，小人恒立志。”志向、决心，是一只不停奔跑的兔子，若无恒定的方向，最终无法到达终点。我们是否把过多的时间放在了方向的抉择上，而从没有朝一个方向跑到终点的毅力和勇气呢？

信念不能停留在语言上

把相信正确地分配给自己的语言和自己的信念。一种信念，不能在得知它的瞬间让它嗞嗞作响。拿出信念来的责任感，不能随便转移到言语上去。不能让言语偷换信念，是言语的吻合还是信念占上风，尚未决出胜负，良好的相信也还未做出其间的取舍。这样的言语始终还会根据不同的情况，或是把这样的信念夯入土中，或是将之挖出来。

宣布并不见得是对信念的一种削弱（也不用为此而抱怨），但却是信念的一种弱点。（《第三本八开本笔记》）

没有人仅仅获得这种认识便满足了，而一定要努力将这种认识付诸实施。（《第三本八开本笔记》）

一个人在语言中成就了国王的事业，犹如一个乞丐在梦中把自己幻想成国王。只有付诸行动的理念，才具有真正的价值。语言上的狂欢，并不能转化成生活中的幸福。行动，才是真理！

小水坑里练不出强水兵

人们学习水兵的生活不是通过在水坑里的练习，人们大概即使通过在小水坑里进行过量的练习也无法变成水兵。（《日记》）

一个人，只有在大海中搏击，才能成为真正的水手。幻想中的英雄壮举，犹如纸上谈兵的国之良将，都是建筑于流沙之上。《汉书·董仲舒传》有言：“临渊羡鱼，不如退而结网”，只有投身于真正的生活，才能获得真实的生命。

奇迹在显处，努力在暗处

卡夫卡的脸上闪出一丝笑意，但片刻之间笑意消失，嘴角只留下一道严峻的皱纹。他说："奇迹与暴力只是无信仰的两极。人们消极地期待出现指路福音，为此耗尽了他的精力，而福音永远不会到来，因为恰恰由于期待太高，我们把福音拒之门外；或者人们急不可耐地抛弃一切期待，在罪恶的杀戮中度过他的一生。两者都是错误的。"

我问："怎样做是对的？"

"这才是对的，"卡夫卡不假思索地说，一边指了指门口附近跪在一个小祭坛前面的一位老年妇女，"祈祷。"（古斯塔夫·雅诺施《谈话录》）

被动地等待奇迹和完全不相信奇迹都是错误的。奇迹是不会毫无来由地从天而降的，而是通过一点一滴的努力得来的。当你惊叹别人的伟大或蔑视自己的平凡时，那个"只求耕耘，不问收获"的祈祷者，却在默默无闻中成就了奇迹。奇迹在显处，努力在暗处。

不要避重就轻

广告牌前虽然站着许多人，但是它似乎没有引起人们多大的兴趣。有那么多的广告牌，广告牌没人信了。何况这张广告比一般的广告更令人难以置信。不过它主要是有一个大毛病，广告词中对报酬只字未提。哪怕报酬只要有那么一点儿值得一提，广告肯定就会提及的，它不会把最吸引人的东西忘掉的。艺术家没人愿意当，但是人人都愿意为自己所做的工作得到报酬。（《失踪者》）

有时候，说话做事，更需要直切主题，直抵中心。在中心边缘绕圈子，既浪费了自己的时间，也引不起别人的兴趣。

站稳脚跟

“您听着，您不想在这个饭店里弄个差事干干吗？”女厨师长问。

“很愿意，”卡尔说，“可是我的知识少得可怜，譬如我连打字都不会。”

“这并不是最重要的，”女厨师长说，“也许您暂时只得到一个小小的职务，然后您就得争取通过勤奋和谨慎步步高升。不过，不管怎么说，我总觉得，在某个地方站住脚跟总比到处闲荡要好些，要可取些。我觉得您不适合到处闲荡。”（《失踪者》）

况且，这一点他一再在心里默默念叨，做什么样的工作并不很重要，重要的是压根儿在某个地方长期站稳脚跟。（《失踪者》）

草木只有扎下根之后，才能茁壮成长；人只有寻得了保证生存的立足之地，才能开始好好地生活。

立在雨中等日出

大雨倾盆，你面对大雨而立，让铁的光束穿透你的身体，在欲冲走你的水中滑行，但要坚持住，就这样坚持地等待着那不知何时突然涌来的太阳。（《日记》）

生活如激流行舟，不进则退。“向后退的人常因为他们胆小或懒惰而落到接近水底的地方”（莎士比亚《暴风雨》），在激流中，如果你寸步难行的话，那么就保持坚守的勇气。激流退去，阳光必将普照大地，在黑夜与白天交接的黎明，你可以骄傲地抬头迎接新的一天的第一缕阳光。

庸人自扰

我明白，假如有人在一座丑恶的大墙前面站了几年，而这座墙毫无坍塌颓废之意，这个人就会感到疲乏。但这堵墙是为它自己担忧，为花园担忧（如果有一个花园），而你却怒火中烧，打哈欠，头疼，不知何去何从。（《致奥斯卡·波拉克》）

但你却要我根本别牵挂你，要我让感情作一番长途散步而变得既疲乏又满足，而你自己却不断地自寻烦恼，为了冬天可能会冷的缘故，在夏天就给自己穿上裘皮大衣。（《致海德维希·W》）

很多时候，我们是被自己的想象所拖累或吓倒的。

不要自我施压

通过赋予一种过大的责任或者干脆所有的责任，你便是自找压力。（《第四本八开本笔记》）

很多时候，压垮我们的并不是最后一根稻草，而是对最后一根稻草的恐惧。我们赋予自己过重的负荷，而忽略了自己的承受能力。世界和我们自己一起踩踏着我们。如果不能让世界抬起脚，那么，请让自己抬起脚吧！适度地放过自己，才能身心舒畅，才能更好地体味生活。

不待扬鞭自奋蹄

他觉得督促职工特别勤奋地去工作既无必要又无用处;谁要是不是通过自己的理智去竭心尽力地干,那么在他看来谁就不是一个好帮手,谁就无法平静地运作从而充分利用一切机会在商店中站住脚,会强烈地感觉到自己不配待在这里,以致他不会等待被解雇,而会主动辞职。这事会发生得很快,从而既不会给商店,也不会给这个职工带来多大的伤害。(《笔记本和散页中的断简残篇》)

网络上曾经流传过这样一句话:“没有雨伞的孩子,必须努力奔跑。”孩子才需要在他人的督促下完成作业,真正成熟的人则能做到“不待扬鞭自奋蹄”(臧克家《老黄牛》)。

现在与未来

一个只为未来操心的人，比只为当前操心的人更不能防患于未然，因为他连为当前操心都没做到，而只是为其延续操心。（《第四本八开本笔记》）

人应该思考当下，只有当下才是改变未来世界的基石。朱自清在散文《刹那》中写道："事情已过，追想是无用的；事情未来，预想也是无用的；只有在事情正来的时候，我们可以把捉它，发展它，改正它，补充它：使它健全，谐和，成为完满的一段落，一历程。历程的满足，给我们相当的欢喜。"

未雨绸缪

这项建筑不是草率动工的。在破土前五十年，在整个需要围以长城的中国，人们就把建筑艺术，特别是砌墙手艺宣布为最重要的科学了，一切其他技术，只要与此相关的，一概加以赞许。我还清楚地记得，我们在孩提时候，两脚刚刚能站稳，就在老师的小院子里，被命令用鹅卵石建造一种墙。记得当时老师如何撩起长袍，朝这堵墙冲来，当然一切都推倒了，由于我们的墙造得太单薄，他把我们训斥得这样严厉，以致我们号哭着四散跑回父母身边。这件事的本身是微不足道的，但很能反映那时的时代精神。（《中国长城建造时》）

明末清初著名理学家朱伯庐，在传世名作《治家格言》中有言："宜未雨而绸缪，毋临渴而掘井"。很多事情，是要提前做好准备的。

主动与被动

在法院第一次审理我父母的离婚案以后，我去看望弗兰茨·卡夫卡。我当时很激动，很痛苦，因此态度不公正。

我诉了一番苦以后，卡夫卡说："您要冷静耐心。您尽管让坏事发生好了。您不要逃避。相反，您要仔细观看。您要用主动的理解代替被动的接受刺激。这样您就会应付这些事情。人只有经过自己的微小才能到达高尚。"（古斯塔夫·雅诺施《谈话录》）

面对不可更改的事情，面对突如其来的事情，不要被动地接受事情的安排，应该去分析和理解事情的本质，变被动为主动，寻找破解的途径。泰山崩于前，或者琐事来临，都要主动地接纳事情，泰然地处理事情，如此才能成长。

谁该负责任?

这是个古老的笑话：我们抱着世界抱怨说，是它抱住了我们。（《第四本八开本笔记》）

不知是城门出口还是入口太窄，反正他那辆运家具的车过不去。他把这归咎于他发号施令的嗓门太弱。这是他生活中的痛苦。（《第四本八开本笔记》）

一件事情失败，一定有它失败的原因。我们都知道应该寻找失败的原因在哪里，但很多时候，我们却找错了“负责人”：明明错在自身，我们却匆忙地责怪外在条件；明明事不关己，我们却归咎于自身。学会理性地寻找失败的原因，我们就离成功更近了一步。

化魔鬼为天使

我非常尊重你的痛苦，像对每个陌生人的痛苦一样。可是有一点，您也许弄错了，每个人心里都有咬啮着他的魔鬼，破坏夜间的安宁，这说不上好坏，这就是生活，谁没有它，谁就不是活人。那么，您心里诅咒的是您的生活。这魔鬼是那种您已获得的材料（而且归根到底是一种奇妙的材料），现在您应该用它做成点什么。……布拉格卡尔桥上的一座圣徒雕像下有一副浮雕，可说明您的故事。这位圣徒在那里种一块田，犁上套着一个魔鬼。它虽然还很愤怒（也即过渡阶段。只要不是魔鬼也满意，就不是完全的胜利），龇牙咧嘴，偏着头，用凶恶的眼光睥睨着它的主人，拼命卷紧尾巴，可它到底被架上了轭具。那么，闵策，您不是圣徒，也不应该是圣徒。如果您所有的魔鬼都来拉犁的话，这完全没有必要，或许还是令人遗憾和悲伤的事。不过，对大部分魔鬼来说，拉犁是好事，而且是您利用它们做的大好事。（《致 M.E.》）

魔鬼和天使的区别只在一念之差。自负是魔鬼，自信就是天使，野心是魔鬼，雄心就是天使，它们的区别不过是心的强弱罢了。将自负变成自信、野心变成雄心，驾驭内心的魔鬼，化魔鬼为天使，才能有所成就。

活着就有希望

人的处境，我想，比工作的处境更受到我们的关心。为什么不呢？活儿总是可以重新干过的，只不过是花点钱的问题，让钱见鬼去吧，可是如果一个人完蛋了，那就意味着一个人完蛋了，就会留下寡妇，孩子。我的上帝！所以每一个关于建立新的安全设施、新的减轻工作的设施、新的舒适条件和享受的建议，我们都特别欢迎。（《新灯》）

在小说《白鹿原》中，主人公白孝文有一段内心独白："好好活着，活着就有希望。活着就要记住，人生最痛苦最绝望的那一刻是最难熬的一刻，但不是生命结束的最后一刻；熬过去挣过去就会开始一个重要的转折，开始一个新的辉煌历程；心软一下熬不过去就死了，死了一切就都完了。"

工作与身体

“我来了。”老板说，但当他正要迈开短腿爬上地窖台阶时，他的妻子已到了他身边，紧紧攥住他的臂膀说：“你待着吧。要是你执意要去，就由我上去。想想你今天夜里那个咳嗽样儿吧。为了一桩买卖，何况那只是一桩想象中的买卖，你就不顾老婆孩子，牺牲你的肺不成？我去。”（《铁桶骑士》）

有人说：“你可能在工作中被替代，但不可能在家庭中被替代。”别人可以代替你的工作，但不能代替你的身体和你在家庭中的作用。不能被替代的才是最珍贵的，所以，不要借口工作忙，忽略自己的身体，忽略陪伴家人的美好时光。

学会休息

在25岁之前连片刻的时间都没有懒散过的人是十分令人遗憾的，因为我相信，赚的钱带不到坟墓里去，而懒散掉的时光却是会被带去的。（《致海德维希·W》）

你知道吗？我度过了可恶的一周，办公室里事情多得做不完，也许从现在起将一直这样了，不错，人要对得起他的坟墓，再加上别的事，以后我会告诉你的，简而言之，人们把我像一头野兽一样撵来撵去，由于我根本不是野兽，所以我会多么劳累就可想而知了。（《致海德维希·W》）

为梦想而奔跑，是一种积极的生活态度。但“奔跑”更多的是一种修辞，是一种心灵坚持不懈的状态，而不是肉体的狂奔。适当地停下来让身体休息，才能有更充实的生命力。正如法国诗人龙萨在《当你衰老之时》中写道的：“生活吧，别把明天等待，今天你就该采摘生活的花朵。”尽情享受生命，才是对生命最高的尊重！

犯困的权利

不必了，你大可不必为您犯困向我道歉，为什么要道歉？人的体力是有一定限度的；可恰恰是这个限度在任何时候都能发挥很重要的作用，……世界就是这样不断调整、纠正自己而保持平衡的。这的确是一种巧妙得一再令人难以想象的安排。（《城堡》）

这东西外表看上去像是困倦，实质上则是一种固若金汤的安适，一种固若金汤的平静。譬如人到中午时都感觉有点困倦，这正是顺乎自然的、幸福愉快的一天当中不可或缺的一部分啊。（《城堡》）

打开开关，机器会一直运转下去；而当人疲倦的时候，则必须停下来进行适度的休息，这是人的权利。身体的运转规律像地球重力一样，约束着我们。尊重身体，就是尊重自然神圣的法则。

奢侈的睡眠

可是对我的讲话方式，他报之以微笑："是的，您是对的，这样一个夜晚，我肯定不会在床上睡着的。请您想一想，要是我独自一人睡在自己的床上，多少个幸福的想法会被我用被子扼杀，多少个不幸的梦想会被我用被子加热。"（《一次战斗纪实》）

我睡得很沉，并没有做梦。月落和日出都无法把我唤醒。即使我已经醒来，我又平静下来。我对自己说："你昨天很辛苦，所以要爱惜你的睡眠。"于是我又重新睡着了。（《嬉戏或无法生活下去的证明》）

小时候，我们总是要在父母的催促中才愿意上床睡觉；长大以后，我们倦容满面，却因为繁重的作业而迟迟无法休息；步入社会，我们痛苦地发现，夜深人静之时躺在床上，却怎么也睡不着。随着年龄的增长，睡眠日益成为一件困难而奢侈的事情了。

杜绝恶习

我们谈论抽烟。

我说："我认识的大多数小伙子为了造成自己已经成人的感觉而抽烟。这种荒唐事，我从来没有跟着干过。"

"这一点您得感谢您父亲。"卡夫卡博士说。

"是的，"我赞同他的看法，"就像我父亲那样，人们无须模仿成年人的愚蠢习惯，就能成为成年人。"（古斯塔夫·雅诺施《谈话录》）

沾染恶习只需要几分钟，戒掉恶习却需要一辈子。

锻炼身体

我的世界通过寂静变得越来越贫穷；我总觉得我有一种特别的不幸。我没有足够的肺部力量（这是象征的具体寄托）来把世界的多姿多彩吸入我体内，而我的眼睛告诉我，世界显然是多姿多彩的。（《致马克斯·勃罗德》）

打个比方：天平的一头是我的身体状况，而其他所有的一切则在天平的另一头，总有一天，这天平会失去平衡，而且结果不明。或者是健康一边强大得将另一边高高抬起，上面所有的一切都被抛得无影无踪，或者是健康这一头坚持不住了，被抬了起来，并被天平另一头的东西所消融。最后孕育出一个幽灵。（《致格雷特·勃洛赫》）

强壮的身体才能寄寓雄伟的事业。古马其顿国王亚力山大大帝拥有庞大的帝国，却英年早逝，他在离世前，命令部下在棺木的两侧留上两个圆孔，以便把他的双手伸出棺外，以此告诫世人：若无生命，人生便两手空空。

第四章

哲理与情感

卡夫卡之所以被称为西方现代主义文学的奠基人，就在于他对生命、对永恒、对人世间的悲欢离合，都有自己深刻而独到的见解。他对人生孤独本质的体认，对人性脆弱的体认，对生命意识的体认，对永恒的体认，穿越历史的长河，依旧能给予我们新的启发。

卡夫卡虽然是个悲观主义者，但他反对对生活持绝望的态度。他认为，虽然“绝望的境地表现为不同的形式”（《对罪愆、苦难、希望和真正的道路的观察》），但人生却不应该充满绝望，很多事情，换个角度看，便会是另一番天地。正如卡夫卡所言：“我们处于午夜的寂静之中，然而只需我们向东方或西方转过身去，我们经历的便是日出和日落”（《笔记本和散页中的断简残篇》），因此，卡夫卡的悲观只是希望的另一种表达方式。

生命的呼唤

永恒的童年时期，又是一种生命的呼唤。

那其实是非常好想象的，生命的壮丽是围绕着每个人并总是在它完全的充实中准备着的，但却是遮蔽着的，在深处，看不见，在很远的地方。但它并不是敌视地，不是勉强地、不是没有感觉地存在那里。如果人们用正确的话语、正确的名字呼唤它，那它就来到你的面前。这是魔术的性质，这魔术不是创造，而是呼喊。（《日记》）

从新生儿的第一声啼哭起，我们便开始了生命的呐喊。我们演奏着激情、勤奋、善良、仁慈、劳动的乐章，来迎接我们生命壮丽的一刻。在默默无闻中，在激流澎湃中，在山野中，在密林中，我们实践着生命的伟大。呐喊来自内心深处，它是人生的力量。

人的局限性

他是地球上一个自由的、有保障的公民，因为他被拴在一根链条上，这跟链条的长度足够他出入地球上的一切空间，但其长度毕竟是有限的，不容他越出地球边界半步。同样，他也是天空中一个自由的和有保障的公民，因为他也被拴在一根类似的天空的链条上。他想要到地球上去，天空那根链条就会勒紧他的脖子；他想到天空去，地球的那根就会勒住他。（《对罪愆、苦难、希望和真正的道路的观察》）

人必须承认其不可突破的局限性，比如地球的引力、肉体的生命、不可侵犯的法律制度、神圣的道德规则等。局限性，既是限制，也是保护，它是把双刃剑。它限制狂妄的我们做出过分的举动，也防止别人过分的举动伤害到我们。

生活的痛苦

我提请弗兰茨·卡夫卡注意关于赔偿问题的一篇长文。他对报纸看也不看，向外伸了一下下唇说："从根本上说，这些问题都非常简单。真正困难、真正无法解决的是那些无法用语言表述的问题，因为它们是以全部生活的难题为其内容的。"（古斯塔夫·雅诺施《谈话录》）

能说出来的痛苦，都不是真正的痛苦。

没有爱，怎么活

我告诉他，在战争的最后一年，我所住的街道的小伙子们到齐斯卡山郊游，在铁路向上升高的拐弯处，他们跳上缓慢行驶的货车，从敞开的煤车上往下扒煤，然后跳下车，把煤搂到一起，装进带去的口袋背回家。我的一个同学名叫卡勒尔·本达，斜眼，是一位劳苦一辈子的女佣人的儿子，他跳车时被卷到轮下，碾得粉碎。

……

“争取人生必需的温暖总是非常紧张的，”卡夫卡说，特别强调了从我的叙述中借用的那些话语，“这里关系到生与死的抉择，因此人们不能只当旁观者。灌木丛或树木都不能保护我们。我们不是齐斯卡山。我们每个人都可能跌到车轮下。弱者、贫者比有足够燃料的强者、富者更早。可以说，弱者常常在被轮子碾轧以前就垮了。”

我点点头：“这一点千真万确。……他本不想偷煤，可是别的孩子都笑他，他什么也没带回来时，母亲曾用地毯拍揍了他几次，他这才去偷。”

“您说对了！”卡夫卡说道，“您的同学小本达不是被货车碾碎的，而是早就被没有爱、没有温暖的环境碾碎了。通向灾难的道路比最后的结局还坏，而且也只能这样，没有别的可能。”（古斯塔夫·雅诺施《谈话录》）

有些人自杀，有些人杀人，他们都是对生活失望透顶的人。但他们失望的对象不是自己，也不是客观的生活条件，而是这个没有温情的社会。

意想不到的矛盾

犹太教法典里的一位拉比有着在这种情况下非常虔诚的原则，即不从每个人那里接受任何东西，甚至是一杯水。但现在碰到的是，他那个时代最伟大的拉比想结识他，并请他吃饭。要拒绝这么一个人物的邀请，那是不可能的。第一个拉比因而沮丧地上了路。可是因为他的原则是如此强而有力，一座山移在了这两位拉比之间。（《日记》）

生活中充满着各种难以预料的矛盾。一个人的善良也可能成为另一个人前行路上的绊脚石。当遇到矛盾时，其最佳的解决途径是心平气和地进行沟通。

现实与幻想

人不应该指望现实以外的生存环境，因为不现实的生存环境并不存在。（《致菲利斯情书》）

为了应付对现状的不满，人们往往会为自己设想一个更加美好的未来。他寄希望于并不存在的幻梦，来安慰今天受伤的灵魂，这犹如用明天的财富支付今天的粮食。可惜的是，我们无法把自己偷渡到明天。抛弃幻想，努力当下，才是正确的抉择。

相同的圈子

社会生活在圈子里进行着，唯有尝过痛苦滋味的人才能互相理解。他们根据他们痛苦的性质组成一个圈子，并互相支持。他们沿着他们圈子的内部边缘轻声走动，互相谦让，或在拥挤中互相轻柔地推移。……在相同的圈子里，人们知道的事情也总是相同的，那里没有安慰者超过被安慰者的一种思想情绪。他们的交谈因而只是想象力的总结，是一个人对另一个人的愿望的汇流。有时候，一个人朝地上看，而另一个人则盯着飞鸟，他们的交往就是在这样不同的情况里进行的。有时候，他们统一在信仰之中，两个人头挨着头向高处无限的远处望去。只有他们共同低下脑袋，相同的锤子落在他们的身上，他们对他们处境的认识便显而易见的了。（《日记》）

我们只有在人群中，特别是在跟自己有共同经历的群体里，才能感受到被认同、被关心的快乐。

苦难是共通的

我们周围的一切苦难我们也得去忍受。我们大家并非共有一个身躯，但却共有一个成长过程，它引导我们经历一切痛楚，不论是用这种或那种形式。就像孩子成长中经历生命的一切阶段，直至成为白发老人，直至死亡……我们同样在成长中经历这个世界的一切苦难(这同人类的关系并不比同我们自己的关系浅)。(《对罪愆、苦难、希望和真正的道路的观察》)

苦难是每个人必经的历程。承认自己的脆弱，尊重每一个人的苦难，用怜悯之心对待每一个人的灵魂，是我们与他人握手言和的最佳方式。

个体决定群体

“每一件真正的艺术品都是文献和见证。”卡夫卡严肃地说，“一个民族有书里所描写的那样的男孩子太好了，这样的民族是不可战胜的。”

“这也许并不取决于单个的人。”

“相反！材料的性质是由原子里的电子数决定的。群体的水平取决于每个个体的意识。”（古斯塔夫·雅诺施《谈话录》）

当我们抱怨社会信任缺失、集体不文明的时候，是否想过问题的原因在哪里呢？社会是由一个又一个的个体构成的，其实，我们更应该抱怨的是我们自身。改变世界，要从改变自我开始。

长生不老的秘诀

弗兰茨·卡夫卡让青年人着迷。他的短篇小说《司炉》充满了温厚和感激之情。……

“这篇小说充满阳光，情调开朗，里面充满爱，虽然根本没有谈到爱。”

“爱不在小说里，而在叙述的对象里，在青年身上，”卡夫卡严肃地说，“青年充满阳光和爱。青年是幸福的，因为他们能看到美。这种能力一旦失去，毫无慰藉的老年就开始了，衰落和不幸就开始了。”

“难道老年就排除任何幸福的可能吗？”

“不，幸福排除老年，”他微笑着向前低下头，仿佛他要把头藏到高耸的肩膀之间似的，“谁保持发现美的能力，谁就不会变老。”（古斯塔夫·雅诺施《谈话录》）

俄国作家果戈理在小说《死魂灵》中写道：“今天一个热情如焚的年轻人，如果看到自己到了暮年的画像，也许会惊骇万分，慌忙后退的。所以，当你们向温柔的青年时代告别，跨入严酷的、使人心肠变硬的成年的时候，你们要把人的全部感情带着上路，可千万不要把他们在中途失落了，不然的话，往后就找不回来啦！那等待在前面的老年阴森可怕极了，无论什么东西它都不会归还给你们的！坟墓要比它仁慈一些，在坟墓上还会写着：某人安葬于此！可是，在失去人性的老年的冰冷麻木的脸上，你们可什么也别想看到啊！”

老年，和岁月无关，而是内心深处温情和爱的缺失。心中长存爱，眼中长存美，这就是“长生不老”的秘诀。

做个“可爱”的人

如果谁在这个世界之内爱他人，那么这与在这个世界之内爱自己相比，既非更不正当亦非更正当。剩下的只有一个问题：第一点是否做得到。（《第三本八开本笔记》）

谁若弃世，他必定爱所有的人，因为他连他们的世界也不要了。于是他就开始觉察真正的人的本质是什么，这种本质无非是被人爱。前提是，人们与他的本质是相称的。（《对罪愆、苦难、希望和真正的道路的观察》）

每个人都渴望被他人认可和关爱，但要想达到这样的状态，首先要学会爱他人、爱世界，唯有如此，你才会“可爱”。

理解别人

他带上门以后，我大笑起来。

卡夫卡博士目光犀利地看了我一眼："您为什么笑？"

"这可怜人太可笑了，他根本没有听懂您的话。"

"假如一个人不理解别人，那他不是可笑，而是孤苦伶仃，十分可怜。"（古斯塔夫·雅诺施《谈话录》）

一个不理解别人的人是可悲的。因为他常常付出努力，却得不到应有的回报。但是，对于这样很难理解他人的人，我们是否曾主动去理解过他们呢？

故乡是一种眷恋

人在异乡时，总与家乡保持着特殊联系。（《致奥特拉》）

对于一个不管何种原因而不得安宁的人(即使他愿意低估某些完全不属于家乡的东西）来说，家乡寄寓着回忆、悲伤、细琐之事、羞耻和诱惑，而且还是一处滥用各种力量的地方。（《致 M.E.》）

“少小离家老大回，乡音无改鬓毛衰。儿童相见不相识，笑问客从何处来。”（唐·贺知章《回乡偶书》）乡音，是故乡留给我们的最深远的烙印；思乡，是每个人心底对故乡最绵长的眷恋。

旅行与故乡

K蓦地想起了自己的家乡小镇，他同这座所谓的城堡相比几乎毫无逊色。如果K的目的只是观光，那么长途跋涉来到此地便太不值得，倒不如重访自己多年未归的故里更明智些。于是他在心中将家乡那座教堂的塔同眼前山上的塔作了一番比较。家乡那座塔从低到高、由粗而细笔直地伸向天空，塔顶较宽，红瓦覆盖，诚然仍是一座不能脱俗的建筑——我们凡人还能盖出什么别的样式来呢？——但它比周围大片低矮房屋有着更崇高的目标，比人间那晦暗的终日劳碌，具有更明朗的意态。然而这里山上的这座塔呢……这使人觉得荒唐。（《城堡》）

卡夫卡说："有些人，只有外出旅行，才有找到家的感觉。"（《致蒂勒·勒斯勒尔》）故乡就是那个小时候拼命想离开，长大了又拼命想回去的地方。

任尔东西南北风

如果某个孩子用纸牌叠的房子因为一个成年人挪动桌子摇摇欲倒，那么孩子会生气的。但房子的倒塌，不是因为桌子挪动了，而是因为房子是纸牌搭成的。即使桌子被劈成木柴，真正的房子也是不会倒的，因为它根本不需要别的基础。（《致马克斯·勃罗德》）

夏娃虽然摘了苹果(有时我认为我比任何人都更懂得原罪是怎么回事)，但只是为了给亚当看，因为她喜欢他。咬苹果才是决定性的，玩玩它虽然没有获得允许，但也不曾明令禁止。（《致密伦娜情书》）

水波浮动，蒲苇会随之摇晃，而磐石却能做到纹丝不动。因为磐石比蒲苇有更深的根基，更能把握自己。人生如海，只有内心稳如磐石，才能坦然自若地面对生活的大风大浪。

属于自己的舞台

只要人们正常地去观察一下的话，那么每一个，就连最微不足道的人也一样，都会构成一个转动到这里和那里圈子的中心。（《日记》）

不论你是怎样平凡的人，总会有一个适合你的舞台，而生活的意义，就在怀着乐观积极的心态，寻找属于自己的人生舞台的过程之中。

物化的不安全感

弗兰茨·卡夫卡抿了抿嘴。“什么是财富？对于甲，一件旧衬衫就是一笔财富，而乙有一千万元还是贫穷的。财富是完全相对的东西。财富意味着对占有物的依附，人们不得不通过新的占有物、通过新的依附关系保护他的占有物不致丧失。这只是一种物化的不安全感。”（古斯塔夫·雅诺施《谈话录》）

如果一个人不能摆脱对财富的依附，甘愿被财富支配，成为财富的奴隶，那么，不论他拥有多少财产，他都是一个可悲且贫穷的人。

没人能赢在起点上

“你还没有带上干粮呢。”他说。“我不需要带任何干粮，”我说，“旅行非常漫长，要是我一路上得不到任何东西，我肯定得饿死。干粮是没法救我的。所幸，这的确是一次真正惊人的旅行。”（《起程》）

在人生的旅途中，决定你能走多远的，不是你在起点处拥有的财富，而是你在旅途中学会的本领。

自由来自内心

虚假的、通过外部措施去争取的假自由是一个错误，是混乱，是除了害怕和绝望的苦草外什么都不长的荒漠。这是自然的事，因为凡是具有真正的、耐久的价值的东西，都是来自内心的礼物。人不是从下往上生长，而是从里向外生长。这是一切生命自由的根本条件。这个条件不是人为地制造出来的社会气候，而是不断地通过斗争去争取的对自己和对世界的一种态度。有了这个条件，人就能自由。（古斯塔夫·雅诺施《谈话录》）

我们在外面怎么能找到来自内心的东西呢？（古斯塔夫·雅诺施《谈话录》）

自由是一种来自内心的信仰。透过监狱的窗户，有人看到无边的漫长黑夜，有人看到璀璨的满天星光，一切都源自人的内心。

住在心里的狗

刚才，楼底下的狗狂吠，它们每天夜里都为那只狗向我报仇，可是也不是很有关系。内心的狗对睡眠危害更大。（《致奥斯卡·鲍姆》）

亲爱的，亲爱的，中秋时节出现夏天天气，多美啊！这多好呀！如果人们在体内不能保持平衡，要忍受季节的变化，那是困难的。（《致海德维希·W》）

杨绛先生在《一百岁感言》中写道："少年贪玩，青年迷恋爱情，壮年汲汲于成名成家，暮年自安于自欺欺人。人寿几何，顽铁能炼成的精金，能有多少？我们曾如此渴望命运的波澜，到最后才发现：人生最曼妙的风景，竟是内心的淡定与从容；我们曾如此期盼外界的认可，到最后才知道：世界是自己的，与他人毫无关系。"

人如果在内心深处豢养了一只狗，无论外界宁静与否，内心都会狂吠不止。而实际上，外界是否宁静，取决于内心是否安宁。

旁人不懂你的世界

与我对我的房间的认识相比，我对我自己的认识是多么可怜啊！……对外界的观察是存在的，但对内心的观察不存在。……内心世界只能经历，不能描绘。（《第三本八开本笔记》）

人是永远没有办法将内心的真实感受，用言语恰如其分地传达给其他人的。旁观者只会要么夸大、要么缩小、要么误解、要么扭曲你的情感。每个人的内心都只能独自经历，无可替代。

胜利的果实在于精神的养成

人的根本弱点不在于他不能胜利，而在于他不懂得利用胜利。青春战胜一切，战胜原始欺骗、隐藏的魔障，可没有人在那儿适时地捕捉住那些胜利，使之变成活生生的东西，等到有这人出现，青春已经过去。老年不敢再去碰一下那个胜利，而新的青年则由于马上就要受到新的一轮进攻而痛苦，想要获得自己的胜利。于是魔鬼虽然不断地被战胜，但从来未能被消灭。（《笔记本和散页中的断简残篇》）

我们被击倒，然后站起来，这只是表面的胜利。真正的胜利在于内心，在于懂得：我们之所以胜利，不是因为我们的躯体站了起来，而是，我们的精神从来就没有趴下。内在的胜利，精神的养成，才能支撑我们走好这一生。

生活需要奔头儿

起初，在建巴别塔的时候，一切都算井井有条；的确，这项工程也许过于庞大，人们太多地考虑到向导、译员、工匠的住处以及道路联络，以至于忘了尚须从事数百年自由的劳动。当时甚至流行着这样一种看法：无须多少时间，就可以很快地把塔建成；这种看法只要稍许加以夸大，人们定会吓得连地基也不去打。人们是这样陈述理由的：整个计划的核心，只是建造一座通天塔这一念头。除了这个念头以外，其他的一切都是次要的。这个想法，一旦人们领会了它的重要意义，便再也不会打消掉；只要还有人类存在，也就会有将这座塔建造成功的强烈愿望。（《城徽》）

目标的力量是惊人的。人生有了目标，生活就有了奔头儿，困难也就成了有趣的挑战。

人总要相信点儿什么

卡夫卡微微一笑："这是您的责任。您还年轻。不相信明天的青年就是对自己的背叛。人要生活，就一定要有信仰。"

"信仰什么？"

"相信一切事物和一切时刻的合理的内在联系，相信生活作为整体将永远延续下去，相信最近的东西和最远的东西。"（古斯塔夫·雅诺施《谈话录》）

人总要相信些什么，才会畏惧些什么，才会勇敢地追求些什么，而在这敬畏和勇敢的追求中，人们就会获得莫大的幸福。

对自身的信仰

人不能没有对自身某种不可摧毁之物的持续不断的信赖而活着，而无论这种不可摧毁之物还是这种信赖都可能长期潜伏在他身上。这种潜伏的表达方式之一就是对一个自身上帝的信仰。（《对罪愆、苦难、希望和真正的道路的观察》）

我们都是自己的神。在我们心中，有使我们区别于他人、使我们独具个性的因素，我们依靠这种自我的特质而活着。自我是神圣的，人就是神圣的；自我是卑劣的，人就是卑劣的。所以，人生的任务，便是在内心塑造坚实的不可摧毁之物，并依靠这种不可摧毁之物而活着。

道德痉挛

对于神圣东西的渴望，伴随而来的对亵渎圣物的羞怯以及人所具有的正义感，这一切是强大的、不可战胜的力量，一旦人违背这些东西，它们就在他身上顽强反抗。它们是道德上的调节力量，因此，一个人要在世界上进行某项犯罪行为，他总是先要压垮自己身上的这些力量。要犯罪，总是要先在心灵上肢解自己。（古斯塔夫·雅诺施《谈话录》）

《谈话录》中叙述了一个醉酒士兵偷盗圣母像的故事。当他的手伸向圣母像的时候，他的手臂痉挛了。于是，他的手臂保持着向上伸直的姿势一直到天亮。卡夫卡认为，这不是肌肉痉挛，而是道德痉挛。他不能跨越他心中的某些神圣的原则，当他试图跨越时，就像德国哲学家尼采所说："苍白的罪犯低下了头：他眼中的巨大轻蔑说话了。"（《查拉图斯特拉如是说》）

心灵的神圣

在踏入神圣的地方之前，你必须把鞋脱掉，可是不仅是鞋，而是一切，旅行服装和行李，然后是裸体和裸体下的一切，以及掩藏在这一切之下的一切，然后是核心和核心的核心，然后是剩下的和残余，最后便是不灭之火的光。只有这火本身才被最神圣的所吸取，它也让它吸取，两者对之都无法抗拒。（《第三本八开本笔记》）

心灵神圣的殿堂，只容纳得下神圣的心灵。心灵越神圣，内心的殿堂越丰富。丰富自己，不是物质的丰富，而是灵魂的充实。

离开人世的方式

床架在房间的中央，蜡烛夹子是从朋友和亲戚那里借来的，房间里烛光闪闪，且充满了蜡烛的烟雾。大约有40个男子整天围守在他床旁，为安慰这位虔诚的死者。他在临终时还清楚地意识到，在准确的时刻将手放在胸口上，开始背诵这个时刻规定的经文。在他痛苦的时候和在他死后，祖母在聚集着女人们的隔壁房间不停地大哭，可是在他咽气的时候，她却那么安详，因为这是一种尽力为死去的人赶走死神的戒律。“他带着自己的祷告去了。”许多人为这样虔诚一生而死去的他称羡不已。（《日记》）

虔诚的一生是值得被虔敬地对待的。一个人在离开人世的时候会受到怎样的待遇，往往是由他活着的时候，对待自己和他人的方式决定的。

感情与性格

席勒在什么地方说过：主要的事情是（或者类似于）将“感情转变成性格”。（《日记》）

莎士比亚在《雅典的泰门》中写道：“常道一成不变，持恒即为至德。”性格是常道，是“恒”，培育善良的情感，养成完善的性格，按性格行事，才能减少人世的过失。

单纯是世界的通行证

第五个儿子可爱而善良，很少向别人许诺他办不到的事情；一向微不足道，以致人们在他的面前确实会感到孤单；但是，他因此却赢得了某种声誉。如果有人问起我，这是怎么造成的，我几乎无言以答。也许单纯在这个世界上最容易穿过暴风骤雨，而他是单纯的。（《十一个儿子》）

诗人北岛说："卑鄙是卑鄙者的通行证，高尚是高尚者的墓志铭。"（《回答》）如果一个人，生性单纯、善良，用一种美好的心态对待生活，既不肯伤害世界，也不去伤害他人，那么这个世界和他人又怎么会忍心伤害他呢？

过去、现在和未来

我们的过去和未来留住我们另一些人，留住我们！因而我们耗费了几乎所有我们的空间和我们那么多的职业，以让它们在平衡中浮沉。未来在容量上先有的一切，过去在重量上取代了，而在它们的终点，这两者是不再有区别的。最早的青年时代会在将来变得光辉，就像未来，而未来的结束本来就已经与我们全部的叹息有了经验，未来的结束就是过去。这个圈子几乎就这样封闭起来，我们沿着它的边缘行走。那么，这个圈子现在是属于我们的了，但它只是在我们能抓住它的那么长的时间里属于我们。……我们从来就是将自己付于时间的长河，现在我们退却了，过去的弄潮儿，当今的闲散人，是毫无希望了。（《日记》）

过去是通往现在的桥梁，现在是未来待产的婴儿。“往者不可谏，来者犹可追”（《论语·微子》），在时间长河大浪淘沙的历程中，只有勇敢搏击激流的人，才能成为人生的弄潮儿。这恰若法国作家加缪所言：“对未来的真正慷慨，是把一切献给现在。”

但行善事，莫问前程

未来是检验我们的现在的标准。害怕检验的只能是内心有愧的人。不能完成他现在的任务的人就是内心有愧的人，但是谁能确切地知道他的任务？没有这样的人，因此，我们每一个人都觉得内心有愧，他总想尽快入睡，摆脱这种愧疚之感。（古斯塔夫·雅诺施《谈话录》）

对于明天，人们总是充满未知的恐惧；对于当下，人们又时常感到没有用尽尽力的愧疚。也许，“但行善事，莫问前程”，才能摆脱对今天的愧疚和对明天的恐惧吧。

不要活在过去的阴影里

我像其他人一样会游泳，只是我的记性比别人好，就是忘不了以前的不会游泳。由于我不能忘记，会游泳对于我来说无济于事，到头来我还是不会游泳。（《笔记本和散页中的断简残篇》）

要想拥抱美好的未来，就要脚踏实地地尊重现在，而尊重现在的前提，是从过去的阴影中走出来。

同情是有限度的

尽管人家对我们遭遇的细节并不十分清楚，但并没有低估命运对我们的沉重打击，而且人家也知道如果自己碰上同样的事未必能比我们家更好地经受住命运的考验，但是，越是这样就越觉得有必要同我们完全绝交；如果我们自己摆脱了这件事的阴影，人家就会非常钦佩我们，但因为我们没有做到这点，人家就往前进了一步，把原先只是暂时对我们采取的态度变成永久性的了：终于把我们排除在每一个社交圈子外面。（《城堡》）

对于经历不幸的人，人们最初都会报以同情。但如果这个人从此沉溺于不幸之中，一蹶不振，那么，很快地，人们的同情就会被厌恶所替代。这不是人情冷漠，而是那个人自己放弃自己在先。

生活的希望

一根草茎？有的人抓住水面上铅笔画的一道。这能托得住人吗？作为淹死的人他梦着如何得救。（《笔记本和散页中的断简残篇》）

我们抓住一根稻草，并不是因为我们相信这根稻草能够拯救我们，而是，我们相信这根稻草代表着被拯救的希望。有希望，生活就会大不同。

绝望是对自我的放弃

假如你走过一片平原，假如你有良好的走的意愿，可是你却在往回走，那么这是件令人绝望的事情；但你如果是在攀登一座峭壁，它就像你自身从下往上看一样陡峭，那么倒退也可能是地理形态造成的，那你就不用绝望了。（《对罪愆、苦难、希望和真正的道路的观察》）

人在坦途面前退缩，是一种自我放弃。使他退缩的，并不是外在的困境，而是内在的困境。绝望，是内心的自我放弃。

失败是暂时的

你给我朗诵了长篇小说的第三段。……也许是我误解了你，但如果不存在不计其数的解放途径，如果不是在我们生活的每一个瞬间都存在各种途径，那么也许一条途径也没有。可是我确实误解了你。这种游戏将不断重复，随着一时的失误失去的仅仅是一时，而不是一切时刻。（《致马克斯·勃罗德》）

一个人跌倒在地，如果不再站起来，那么，他失去的不是一段行程，而是整个人生。人生的道路漫长而曲折，跌倒、站起来，再跌倒，再站起来。就这样，我们摔打着自己，走向辉煌的明天。

人生，时刻努力，时刻精彩。

不要把失败浪费掉

当然，我的确是无知的，不管怎么说这是事实，这是我非常可悲的地方；可是这倒有一个好处，那就是初生牛犊不畏虎，所以，在我的力量还够用时，我倒是挺愿意再保持一阵这种无知的状态并承受它那肯定很严重的后果的。（《城堡》）

那些不幸的经历并未使他吸取教训，认为即使第十次尝试失败了，第十一次一定会成功。（《诉讼》）

每一次失败都是一次宝贵的学习经历。如果一个人不能从失败中吸取任何教训，那么他只能原地踏步，再多的失败也无法孕育出成功的果实。

时光是一剂上好的疗伤药

这时拉班觉得，他将能熬过往后十四天漫长而倒霉的时间。因为这仅仅是十四天，也就是说，是一段有限的时间，虽说心中的烦恼会与日俱增，但必须忍受这些烦恼的时间毕竟会一天天地减少。因此，勇气无疑也会增长。

所有想要折磨我、并且现在已经占领我周围整个空间的人，会由于这些日子的有效流逝而渐渐地被迫向后退去，无须我帮他们什么忙。于是，自然而然会产生这样的结果：我只能是软弱的和默默无闻的，可以任凭别人摆布，但是，仅仅由于这些正在流逝的日子，一切毕竟肯定会变好的。（《乡村婚事》）

时光会带走一切，比如失恋的痛苦、离别的悲痛，以及其他无法释怀的情感。人在时光中，仿若重回母亲的襁褓，积蓄新的力量。时光是一剂上好的疗伤药！

年轻意味着更多的可能

“对我来说，您是个年轻人，”弗兰茨·卡夫卡说，“您有别人已经失去的各种前景。……我和您说话，就等于和我的过去说话。”（古斯塔夫·雅诺施《谈话录》）

不过，我确实羡慕青年。一个人年纪越大，他的视线就越宽。但是他的生活可能性就越来越小。最后剩下的就只是一次仰视，一次呼气。在这个时刻，人也许能通观他的一生。第一次，也是最后一次。（古斯塔夫·雅诺施《谈话录》）

可能性总是美好的希望。（《致菲利斯情书》）

拿破仑说：“开始便知道去向的人不会走得远。”正因为年轻人的未来充满未知，所以他们的未来也就充满了希望，而希望又是多么美好的词汇啊！

青春的梦想

青春当然总是美的，人们梦想着未来，或激发着别人的梦，或干脆说人们自身就是一个梦，这怎么会不美呢？但这是一种所有青春共有的美，人们没有权利把它占为己有。（《致 M.E.》）

俄国作家普希金曾说：“我们就这样随着幻想，来到年轻生命的早晨。”（《叶甫盖尼·奥涅金》）青春让人留恋，因为拥有无限的远行的梦想。

时间都去哪儿了

我的祖父常说："生命非常之短。我现在想起，生命对我来说正在凝结，以致我几乎无法理解，一个年轻人怎么会决定骑马到邻村去，而不用担心——完全撇开众多不幸的偶然事件不谈——这寻常的、幸福地流逝的生命的时间，对这样一次骑行来说已经远远不够。"（《邻村》）

时间飞逝，与其追问"时间都去哪儿了"，不如把当下活得精彩。

想做就做

当然，使我伤心的并不是这个生理上的缺陷，而是某种与他的性格相符的精神上的小小失常，某种在他的血液里彷徨的毒素，某种只有我能看出的无能，即不能充分发扬他生来就有的那种天赋。（《十一个儿子》）

人们很少为做过的事情后悔，而往往为没有做的事情遗憾。人生犹如烛炬，要燃尽每一寸光；人生犹如春蚕，要吐尽每一缕丝。只有为梦想燃尽自己，人生才不会留下遗憾。

人生的高度

山峰互相看见。蜷缩在山峰影子里的洼地和小山谷互相之间则一无所知，尽管它们通常都处在同一个水平上。

（古斯塔夫·雅诺施《谈话录》）

如果我们站得太低，既不能看到远方，又不能看清近处。高度决定人生的宽度。

子弹人生

当这颗弹子闲着无事时，那么它多半就背着手在那高原上逛来逛去，避开那些小槽。它的观点是，在玩游戏的时候，它在那些小径中受的折磨已经够多的了，所以在闲着的时候，它有足够的理由在自由的平地上休憩。有时它习惯地抬起头来看看那笼罩在上方的圆拱形玻璃，但并没有辨认上方什么东西的意图。它走路的步子迈得很大，于是它声称，它不是为了那些小径而生就的。这有一定的道理，因为这些小径差一点就容不下它了，但再想一想就觉得毫无道理了，因为事实上它被制作得恰好与那些小径吻合，当然这些小径对于它来说谈不上舒服，否则这就不能算是练耐心的游戏了。（《笔记本和散页中的断简残篇》）

子弹在冲出枪膛之前必须经过狭窄的小径，而只要经受住了小径的考验，爆发的那一刻就会拥有无穷的力量。人生也是这样一个约束自我和突破自我的过程，经历的磨炼决定爆发的力量。

生活的平淡与多彩

亚伯拉罕陷入了这么一种误解之中：他无法忍受这个世界的单调。可是众所周知世界是非常多彩的，这在任何时候，只需抓起一把世界拿到近处来看一看，就可以得到证实。这一点亚伯拉罕当然是知道的。因此对世界的单调的抱怨实际上是抱怨同这世界的丰富多彩掺和得不够深。所以说，这抱怨其实是跃入世界的跳板。（《第四本八开本笔记》）

世界是多姿多彩的，只看你是否有勇气融入和经历。如果你不愿融入这多姿多彩也无妨，生活是自己的，适合，才是最重要的。

名字与人

我叫卡尔穆斯，这不是罕见的名字，但实在是毫无意义的。它老是使我思考。“什么？”我对自己说，“你叫卡尔穆斯？没错吗？”有许多叫卡尔穆斯的人，即使只在大亲戚圈子里找也能找到许多，他们通过他们的存在赋予这个本身毫无意义的名字以很好的意义。（《笔记本和散页中的断简残篇》）

名字的伟大在于被冠以这个名字的人本身。伟大的是人，而不是人名。

过不一样的日子

最近，当我又一次在有规律的时辰里走出电梯时，我突然想起，我的生活，随着它的时日越来越深地朝着细微末节里千篇一律化，跟惩罚性的作业十分相似，被惩罚的学生必须要按他的错误十倍、百倍地写下常常是同样的，至少是重复的没有意思的句子，不过在我这里所说的一种惩罚只是：“那么寻常，就如你忍受的那样。”（《日记》）

他具有那种心灵生活的自由灵活性，这种灵活性在变换的生活环境里总是通过全新的方面令人吃惊不已，就像真正诗人的创造所具有的那种灵活性。（《日记》）

人生的意义在于每天经历不同的生活。生命的本质不是重复，而是创造。

温水煮青蛙

由于衙门一开始就在一些无关紧要的事情上——到目前为止还没有过比较重要的事——给了K不少照顾，它也就使他失去了获得一些微小胜利的可能，从而也就没有可能体验与胜利相联系的满足以及由此而产生的为今后进行更大战斗所必需的坚定信心。它给予K的，反倒只是处处（当然只限于村里）开绿灯让他顺利通行，用这种方法娇惯他、削弱他的斗志，在这里把任何斗争都取消掉，把他置入一种非公务的、完全莫名其妙的、摸不清看不透的、与自己格格不入的生活之中。这样下去，如果他不是时时保持警觉，就可能出现这种情况，即有朝一日尽管衙门对他多加照顾，尽管交给他的全部轻而易举的任务都圆满完成，他也会在人家给予他的似是而非的恩宠的蒙蔽下，在公务以外的生活中有失检点，致使自己在这方面栽大跟头，那时衙门就不得不出面，依旧是文雅而和蔼可亲地、摆出一副违反本意爱莫能助的姿态，根据一条他不知道的有关公共秩序的法令把他清除掉。（《城堡》）

老子曰："将欲废之，必固兴之；将欲取之，必固与之。"（《道德经》）别人的给予，有时对我们是一种约束。这犹如"温水煮青蛙"，我们会在一种温婉的环境中麻痹自我，丧失斗志，而后，我们不再坚持最初的梦想，不再执着于积极进取的信念。最终，我们将被温柔地杀掉。

远行需要勇气

对阿勒姆，您肯定用不着害怕。在那里的生活也许将不像您现在的这么自由（您怎么利用您的业余时间？），可毕竟是陌生的土地，陌生的人群，新鲜的事物和新的目标。刚开始受点约束，这简直算得上是好事，否则，人们会走向虚无的。（《致 M.E.》）

人在一个地方待久了，就会成为这个地方的主人。他知道味道最好的咖啡馆在哪条街，或者，他知道谁家的厨房能做出最好的佐酒菜。只是，这种一切尽在掌握的安心和自由，常使人陷入一种懒惰的状态，觉得这样就很好，无须再远行。这时候，自由就成了一种约束，阻碍人去看更远处的风景。

在一个地方待久了，还是要鼓起勇气出去走走的。

并非所有的梦想都会成真

并非一切都会实现，并非所有如花似锦的梦想都会成熟。（《兄弟谋生》）

不是所有的梦想都会成真，但所有的梦想，都值得我们全力以赴。

最佳的进攻方式

你对那篇小说的构思（我们暂且撇开搏斗的双方）与我的愿望完全相符。那篇小说具有伟大的前景。……凡是真理都是驳不倒的，所以他也驳不倒，只是也许会被战胜。但正像所有军事报道者所写的，这不是从来都是最佳的进攻方式吗？起立，跳跃，战胜对方。这是面对巨大的堡垒时必须不停地反复进行的过程，直至在全集的最后一卷中幸福而疲乏地倒下，或（这是最不利的情况）是长跪不起。（《致马克斯·勃罗德》）

在战斗的最后一刻，要么长跪不起，要么幸福而疲惫地倒下，这才是最佳的进攻方式。我们起立、跳跃，试图战胜对方，虽然失败，但每一次进攻，我们都不遗余力。这样的人生，是不会有什么遗憾的。

在困境中坚守

相反地，躺在这儿的草地里，把双臂放在身上，用手捂住脸，却是天经地义的。我劝自己，既然已经处于这种自然的境地，就应该高兴起来，否则的话，为了达到这种境地，我须做出许多艰苦的努力，比如不停地走路或不停地说话。（《嬉戏或无法生活下去的证明》）

对发展阶段中的某一个困难阶段保持希望，因为，这一阶段也是努力才能得到的。

如果你觉得很累，说明你在走上坡路，人生的巅峰就在不远的地方。生活就是如此公平，如果你想收获足够多的东西，你就必须承受足够大的困难。

一直走下去

但是，我绝不回头。因为走回头路意味着耽误时间，意味着承认误入歧途，这会使我不堪忍受的。你说呢？在这短暂而仓促、伴随着焦急不安的嗡嗡声的生涯里，就这样跑下楼去吗？这是不可能的。属于你的时间非常之短，如果你失去一秒钟，你就已经失去了你整个的生命，因为你的生命不会更长久，它总是恰如你失去的时间一般长。所以，一旦你开始走上一条路，就应该继续走下去，无论如何也要走下去，你只会获胜，而不会冒危险，也许最后你将坠毁，但如果你刚迈出几步就回头跑下楼去，那么你一开始就已经坠毁，而且不是什么也许，倒是确凿无疑的。（《代言人》）

卡夫卡尴尬地微笑起来："道路是否正确，总是只有到目的地才能看清。不管怎样，我们现在在走。"（古斯塔夫·雅诺施《谈话录》）

既然选定了前进的道路，就不要轻易地半途而废。刚刚走上两三步就要回头的人，是无法站在终点享受成功的，而只能站在起点承认失败。

为太阳转身

我们处于午夜的寂静之中，然而只需我们向东方或西方转过身去，我们经历的便是日出和日落。（《笔记本和散页中的断简残篇》）

一条鱼在中段水流中游动，胆怯而喜悦地向下看着，那里可以缩紧身躯在深深的泥中动弹，然后胆怯而喜悦地向上看，那里可以在高高的水层中伸展胸襟。（《笔记本和散页中的断简残篇》）

生活的状态完全是由我们自己决定的。正如丰子恺所说：“你若爱，生活哪里都可爱；你若恨，生活哪里都可恨；你若感恩，处处可感恩；你若成长，事事可成长。不是世界选择了你，是你选择了这个世界。既然无处可躲，不如傻乐；既然无处可逃，不如喜悦；既然没有净土，不如静心；既然没有如愿，不如释然。”（《豁然开朗》）

表象与实质

孩子向父亲伸出小手——谁也说不清，这是请求呢还是要求。（《女歌手约瑟芬或耗子民族》）

卡尔边说边把蜡烛递给仆人，仆人只是对他点了点头，人们看不出，他是有意点头呢，抑或只是用手捋他的胡子而造成的结果。（《失踪者》）

抑或如果这些不断变换着的饭店侦探中的一个从这儿走过，要知道除了饭店的管理部门以外谁也不认识那些侦探，每一个也许由于近视而露出审视的目光的人都被人认为是侦探，如果出现这样的情况，那又该如何是好。（《失踪者》）

黑暗中的光亮，也许是指路的火把，也许是房屋失火燃起的火光。不要轻易相信眼睛看到的、耳朵听到的，不要把别人的好心当成恶意，不要把伪善当成真诚。一切都要用心去判断。

一切偶然都是必然

“几件我不知道其因果关系的事件发生在一起，我们称之为偶然，但是，没有原因就没有世界，所以说，偶然实际并不存在于世界中，而只在这里……”卡夫卡用左手碰了碰前额，“偶然只存在于我们的头脑里，在我们有限的感觉中。它们是我们认识的局限性的反映。”（古斯塔夫·雅诺施《谈话录》）

所有一切可能的事情已经发生了，只有那些发生的事情是可能的。（《日记》）

寻找推托和自我宽慰的人睡在偶然的温室内，勇于承担责任的人行走在必然的解决之路上。其实，一切偶然都是必然的结果。

大音希声

乌鸦们宣称，仅仅一只乌鸦就足以摧毁天空。这话无可置疑，但对天空来说它什么也无法证明，因为天空意味着乌鸦的无能为力。（《对罪愆、苦难、希望和真正的道路的观察》）

老子有言：“大方无隅，大器晚成。大音希声，大象无形。”（《道德经》）

外强中干之人往往喜欢用强者的面具来掩饰自己的卑微，而真正的强者则无须证明。

更大的世界

随着时间的推移，他们的态度变得友好多了，这也正是在旅伴中常有的事，不过他们的友好态度也常常会变成累赘，因为譬如每逢他们有一张牌掉在地上，他们就在地上寻找，就使劲捏卡尔或吉阿科莫的大腿。然后，吉阿科莫便大声喊叫，总是每次都感到惊恐，抬起大腿，有一回卡尔试图猛踢一脚回敬他们，但是一般来说都默默忍受这一切。面对着外面的大千世界，对在这小小的、甚至开着窗户还烟雾缭绕的隔间里所发生的一切，人们也就不以为意了。（《失踪者》）

我们常常因为忍受了更大的痛苦而对较小的痛苦视而不见。见识过大风大浪的人，是不会因湖面的一阵微风而担惊受怕的。

可怕的习惯

如果一个人一直被人家当狗对待，末了，他就会想，他真的是狗。（《失踪者》）

每个人都利用自己的权势，辱骂身份低下的人。人们一旦习惯了挨骂，它听起来跟钟的均匀敲打声就没有什么两样。（《失踪者》）

习惯于一种毫无自尊的境地，就是习惯了别人眼中被轻蔑的自己。这是一种非常可怕的习惯，终有一天，你会以为这就是自己，觉得自己可以被践踏和放弃。而不断地向上和争取，才是人生应有的姿态。

不是所有的鼓励都出于好意

“可是他并不需要鼓励，”K说，“鼓励他，就等于跟他说他对了，他只管照自己现在的做法一直做下去就行了，然而恰恰是照这种做法他将永远一事无成。如果一个人的眼睛被手巾蒙住，那么无论别人怎样鼓励他使劲瞪大眼睛看，他也永远看不见什么的，只有给他把那块手巾解下来，他才看得见。巴纳巴斯需要的是帮助而不是鼓励。”（《城堡》）

一个还没有找到正确方向的人，需要的不是鼓励，而是别人中肯的建议。帮助他人寻找正确的方向，远比盲目的鼓励更有意义。所以，如何在嘈杂的声音中，分辨出哪些人是真心为我们好，是一件很难，但很重要的事情。

够用就好

理解这种幸福：你所站立的地面的大小不超出你双足覆盖的面积。（《对罪愆、苦难、希望和真正的道路的观察》）

衣食住行用，身体对于物质的需要并不多，然而，很多人却沦为了物质的奴隶。其实，够用就好，但问题在于，太多的人不知道什么是“够用”了。

物之用

当被撇下的、有点儿睡眼惺忪的卡尔还在慢慢穿他那件旧旅行服的当儿，他责备自己卖掉了那件衣服，它也许会在谋取学徒工位置时使他受损，但是在谋取一个较好的职位时只会对他有好处。（《失踪者》）

事物的好坏不取决于事物本身，而取决于人如何使用它们。罂粟，用于炼制毒品，就是恶，用于治疗疾病，就是善；知识，用于求善，就是好，用于作恶，就是坏。物不应该对人负责，人应该对物、对自己、对这个世界负责。

第五章

自然与艺术

卡夫卡并不喜爱旅行，因为，他觉得，异地并不比家乡更美。但是，他在妹妹的乡间别墅度假的那段历程，却是他人生中最快乐的时期。在那里，他是如此贴近自然，走进自然，崇尚自然。自然，像接纳远途劳顿归家的孩子一样接纳了卡夫卡。因此，在卡夫卡的笔下，自然是美的、宁静的。

与自然相比，卡夫卡更钟情于他的艺术世界。艺术是卡夫卡在尘世间行走时必备的拐杖。关于书籍、关于阅读、关于歌德和斯特林堡，卡夫卡都有自己的独到见解。卡夫卡深谙艺术三昧，他是艺术的精灵。

自然是宇宙的精灵

树林仿佛在月光中呼吸着，一会儿它收缩起来，变得很小，挤成一堆，树木高耸，一会儿它舒展胸臆，顺着所有的山坡向下展开，成了低矮的灌木，连这都谈不上，成了朦胧的、遥远的影像。（《笔记本和散页中的断简残篇》）

在德国哲学家康德的墓碑上刻着这样一句话："有两种东西，我们愈是时常愈加反复地思索，它们就愈是给人的心灵灌注了时时翻新、有加无已的赞叹和敬畏——头顶的星空和心中的道德法则。"头顶的星空和我们至高至纯的内心一样伟大。自然与人，都是宇宙的精灵。

自然是包容一切的母亲

这里我可以心满意足了。因为这里人烟稀少，而且风景秀丽。在这里生活，无须许多勇气。你在这里，必然会感到痛苦，在其他的地方也一样，但在感到痛苦的同时，你无须做出优美的举动。这是大可不必的。因为这里只有群山和一条大河，而我还相当清楚，它们只是一些无生命的东西。是的，如果有一天的晚上我独自踉踉跄跄地走在这些向上伸展的路上，我不会感到比山更孤独，只有我会有这样的感觉。（《嬉戏或无法生活下去的证明》）

自然是一位温柔的母亲，你可以在自然面前坦露人生的困顿和内心的脆弱。它不会嘲笑你，它只是用温和的微风、苍翠的密林，为你缝制一个安全的襁褓。我们都是自然母亲怀里脆弱的孩子。

像自然一样纯粹

一个雨天。你站在一个水潭的镜面前。不疲倦，不悲伤，没有深思的样子，你只是带着你所有的地球重力站在那里等人。（《笔记本和散页中的断简残篇》）

常有人问我们：“你在做什么？”似乎每一分每一秒，我们都应该忙碌着。其实，什么都不做，就那么呆呆地待着，不寻找价值，不追问意义，在自然面前保持一颗赤子之心，是多么难得的一件事啊！

美好的劳动

没有什么东西比这种纯洁的、摸得着的、到处有用的手工艺更美好的了。除了木匠铺，我在农村和花圃也工作过。那些工作都比办公室的徭役美好、有价值。表面看来，办公室里的人要高贵一些，幸运一些，但这只是假象。实际上，人们更孤独，更不幸。事情就是这样，智力劳动把人推出了人的群体。相反，手工艺把人引向人群。可惜我不能到木匠铺或花圃里干活了。（古斯塔夫·雅诺施《谈话录》）

钢筋混凝土的世界把我们与大自然隔绝开来，狭小的空间使我们变得日益焦躁和冲动。多找些时间到大自然里去吧，在开阔而包容的世界里，找回内心的宁静。

大地的孩子

对农民的一般印象：高尚的人，他们钻入农业拯救自己，他们在那里那么明智地谦恭地进行他们的劳作，致使他们完美无缺地顺应着整体，并免受任何波动和心灵疾病的伤害，直到他们进入极乐世界。真正的大地上的公民。（《日记》）

海子写道：“月亮下，连夜种麦的父亲，身上像流动的金子。”（《麦地》）

农民们播种、灌溉、收获，亲吻每一寸土壤，他们是大地真正的孩子。

乡村女性的美

在这儿的小镇，女人们完全是另一番景象。……她们从不玉体半裸，虽然衣着几乎不超过一件，穿戴却总是那般周正。她们很老很老的时候才发胖，只是偶有个把年轻的姑娘体态丰满。……可妇人们的干瘦干瘦，这是一种你只是从远处或许能爱上的干瘦。女人们看上去一点儿也不危险，但很了不起。这是一种别样的干瘦，产生于风吹、雨淋、劳作、忧虑与分娩，却绝不是都市的痛苦，而是宁静的、诚实的欢乐。（《致马克斯·勃罗德》）

乡村女性的美丽是一种别样的美。她们在家庭中奔波，在风雨中劳作；她们忍受分娩的痛苦，忍受人世的捶打。在她们身上，有人类女性的另一种伟大的美：静穆的伟大，高贵的朴实。为这样的乡村女性喝彩，就是为生命的本真喝彩！

艺术直达人心

卡夫卡博士把头侧向一边，“照相把目光引向表层。这样，它通常模糊了隐蔽的本质，这本质只是像一丝光、一片影子那样，通过事情的特征影影绰绰地透射出来。即使用最好的透镜，我们也看不清它，无法把握它。我们只能用感觉去摸索。难道您认为，千百年来，成千上万的作家、艺术家、科学家和魔术家怀着惴惴不安的渴念和希望所面对的深不可测的现实，这一再往后退却的现实，我们只要按几下这架廉价机器的按钮就能把握？我很怀疑。这架自动照相机不是复杂的人眼，而只是简化得无以复加的苍蝇之眼。”（古斯塔夫·雅诺施《谈话录》）

最难欺骗您的莫过于照片。而真实是心灵的事。而心，只能用艺术才能接近。（古斯塔夫·雅诺施《谈话录》）

艺术，拥有直达人心底的力量。或许我们无法像艺术评论家一样，对艺术作品进行点评和分析，但我们可以单纯地欣赏艺术，用艺术抚慰自己稍感疲惫的心灵。

因陌生而美好

敲开一个核桃确实算不上是一种艺术，因此也没有哪个敢于召集观众，在他们面前敲核桃，以此来为他们解闷。要是有人居然这么做了，而且如愿以偿，那么这就不能仅仅看作敲核桃了。或者就算是敲核桃吧，但结果只会证明我们忽视了这门艺术，因为我们毫不费劲就掌握了这门艺术，同时还证明，正是这位敲核桃的新手第一次使我们看到了敲核桃的真正诀窍，假如他敲核桃不如我们中的大多数人那样熟练，那效果反倒会更好呢。也许敲核桃的事与约瑟芬的歌唱有某种类似之处；我们欣赏她身上的某一特长，而这一特长若是在我们自己身上，我们是不会去欣赏的。（《女歌手约瑟芬或耗子民族》）

俄国形式主义文学评论家什克洛夫斯基在著作《作为手法的艺术》中指出，艺术的魅力在于以艺术手法使我们熟悉的事物变得陌生，重新感知，恢复我们对日常生活的感受能力。

很多时候，和观察的对象保持一段距离，我们才能发现它的美丽。

那份宁静的美

我们最喜爱的音乐是宁静的和平；我们的生活艰难，即使我们有朝一日设法摆脱了日常生活的忧虑，我们也不可能使自己升华，获得类似音乐这种远离我们惯常生活的东西。但是，我们并不因此而深感悲痛；我们压根儿不可能发展到这种地步；我们认为我们最大的优点是某种实用的狡猾，当然，我们也非常需要这种狡猾，不论遇到什么事，我们总习惯于用狡猾的一笑安慰自己，即使我们有一天感到，应该要求得到也许来自音乐的幸福，但我们并没有这样做。（《女歌手约瑟芬或耗子民族》）

音乐是内心情绪的流动。在忙碌的生活中，请停顿片刻，聆听一下内心的声音吧！

歌唱的艺术

在她的口哨声里，包含着某些我们短暂而不幸的童年情景，包含着某些一去不复返的幸福，也包含着某些积极的今日生活，包含着今日生活中小小的不可理解的、然而的确存在的、并且无法消灭的欢乐。而这一切不是以高亢的声调，而是以轻柔的、耳语般的、亲切的、有时甚至是沙哑的声音表达出来的。……但在这里，吹口哨不仅使我们摆脱了日常生活的桎梏，而且使我们得到了短暂的解脱。（《女歌手约瑟芬或耗子民族》）

据她说，她的歌唱能把我们从恶劣的政治或经济处境里解救出来，它的作用就在于此，她的歌唱即使不能消除不幸，但至少也能赋予我们力量去承受不幸。（《女歌手约瑟芬或耗子民族》）

卡夫卡说："祈祷和艺术是感情强烈的意志行为。人们要超越正常存在的各种表现意志的可能性，将它们加以升华。艺术就像祈祷一样，是一只伸向黑暗的手，它要把握住慈爱的东西，从而变成一只馈赠的手。”

（古斯塔夫·雅诺施《谈话录》）

艺术给我们力量，使我们微笑着迎接生活。

最温暖的怀抱

状况好转，因为我读了斯特林堡的《破裂》。我不是为了读它而读它，而是为了躺在他的胸怀里。他将我像一个孩子一样托持在他的左手臂上，我坐在那里像坐在一尊雕像上。我有 10 次陷于滑下去的危险，但在第 11 次尝试中我牢牢地坐上了，我有了安全感，而且有着宽广的视野。（《日记》）

书籍，像母亲迎纳脆弱的孩子一样迎纳我们。书籍，是人生困境中最温暖的怀抱。

阅读经典的意义

他把书全看了一遍后问我：“这些书你全都要读？”

我点点头。

卡夫卡抿了抿嘴唇：“您何苦读这种昙花一现的东西？大多数现代书籍只不过是对今天的闪烁耀眼的反映。这点光芒很快就熄灭。您应该多读古书。古典文学，歌德。古的东西把它最内在的价值表露到了外面——持久性。时新东西都是短暂的，今天是美好的，明天就显得可笑。这就是文学的道理。”（古斯塔夫·雅诺施《谈话录》）

经典文本，不但表现个性，还表现共性；不但契合时代，还深入历史。阅读经典，是和伟大亘久的真理对话。不要把人生的大厦建筑在松软的流沙上，而应建设于坚实的智慧大地之上。

读书的不安

我认为，只应该读那些咬人和刺人的书。如果我们读一本书，它不能在我们脑门上猛击一掌，使我们惊醒，那我们为什么要读它呢？……我们需要的书是那种对我们产生的效果犹如遭到一种不幸的书，这种不幸要使我们非常痛苦，就像一个我们爱他胜过爱自己的人的死亡一样，就像我们被驱赶到了大森林里，远离所有的人一样，就像一种自杀一样，一本书必须是一把能劈开我们心中冰封的大海的斧子。（《致奥斯卡·波拉克》）

阅读的意义在于感受另一种完全陌生的人生，碰撞另一种截然不同的思想。有不安，才有思考；有思考，才有成长。这，便是读书、读好书的意义所在。

成为另一个人

今天读了《赫尔曼与朵洛台亚》，读了利希特的生平回忆，看了他的照片，最后读了霍普特曼的《格里塞尔达》中的一幕。在接下来的那个时辰中我成了另一个人。一切前景尽管仍然一如既往的朦胧，但朦胧的图像改变了。在我今天第一次穿上的沉重的靴子中（这本来是军人用的），我成了另一个人。（《第一本八开本笔记》）

读书，是到另一个人的生命中去感受、去旅行。因此，我们借助别人的伟大克服自身的微小，我们看到别样的风景，领略别样的人生。

记日记的好处

写日记的人的一种优点在于：他对变化有着冷静清晰的意识，他无时无刻不面临这种变化。当然，在一般情况下他也相信、预料并承认这些变化，但如果这取决于从这样一种承认中获得希望或安静的话，那他就总要否认这些变化。在日记中人们找得到这样的证明：人们本身就生活在今天看来是不堪忍受的处境里，环顾四周，记下观察的感受，这就是说执笔的右手像今天一样地移动着，今天我们虽然通过通观各种可能性，对当时的状况变得更为聪明了，但因而更有必要去确认我们当时在纯粹无知的情况下却仍然不懈追求的那个无所畏惧的精神。（《日记》）

当我们再次阅读我们旧时所写的日记时，我们往往会得出这样的结论：今天惊天动地的大事，到了明天也就平淡无奇了。这给予我们生活的勇气和对未来无所畏惧的信念。